Pierre Stutz/Andreas Benjamin Kilcher

W0188702

Vom Unbegreiflichen ergriffen

Mystische Lebenserfahrungen

Illustrationen von Elisabeth Stalder

rex verlag luzern stuttgart

Die Deutsche Bibliothek – CIP-Einheitsaufnahme

Stutz, Pierre:
Vom Unbegreiflichen ergriffen: Mystische Lebenserfahrungen/
Pierre Stutz; Andreas Benjamin Kilcher.
Illustrationen von Elisabeth Stalder. – Luzern; Stuttgart: rex verlag, 1993
ISBN 3-7252-0578-7

© 1993 by rex verlag luzern stuttgart
Illustrationen Umschlag und Inhalt: Elisabeth Stalder, Liestal
Umschlaggestaltung: Joseph Bieri, Luzern
Gesamtherstellung: Ebner Ulm
ISBN 3-7252-0578-7

Für Carmen Cattarina
Für Jasmin

Inhalt

Vorwort

Die Sehnsucht nach dem Göttlichen nimmt zu. In dieser Sehnsucht spiegelt sich aber auch die unauslöschbare Suche nach Selbstwerdung. In vielen mystischen Lebenserfahrungen finden wir dieses Ineinander von Gottessuche und Selbstsuche. Wir stossen auf die Schlüsselfragen unserer menschlichen Existenz: Wie können wir mehr uns selber werden? Wie beziehungs- und liebensfähig sind wir? In welcher Beziehung stehen wir zur Natur? Wie kann unsere Sprache jenes ausdrücken, was nur als Grenze erfahrbar ist, was sich uns auch verschliesst? Wie gehen wir mit unseren Grenzen, mit Leid und Ohnmacht um? Wo erfahren wir den tragenden, göttlichen Grund in unserem Leben?

In der Vielfalt der Mystik finden wir nicht einfach Antworten, sondern die Mystikerinnen und Mystiker ermutigen uns, uns auf einen lebenslangen Suchprozess einzulassen. Die Begegnung mit der Mystik hat uns Autoren zu spannenden, manchmal auch spannungsgeladenen Auseinandersetzungen geführt, weil wir beide von unterschiedlichen Seiten an die Mystik herangehen.

Der eine tritt in einer persönlichen Krisen- und Umbruchzeit in den Dialog mit Mystikerinnen und Mystikern, der ihm eine spirituelle Dimension für seinen Heilungs- und Selbstwerdungsprozess eröffnet. Zugleich entdeckt er in den mystischen Lebenserfahrungen eine leidenschaftliche Sehnsucht nach neuen, echten religiösen Erfahrungen und eine gelassene Konfliktfähigkeit, die Kirche zu reformieren, damit sie Menschen glaubwürdiger begleiten kann.

Der andere geht an die Mystik, ohne von ihr Lebenshilfe zu erwarten. Ihm liegt vielmehr nahe, dass die Mystik einfache Antworten skeptisch ablehnt und Schwierigkeiten beim „Reden über Gott" aufzeigt, Schwierigkeiten mit der Theologie. Daraus erwächst auch sein Interesse an der spezifisch mystischen Problematisierung des religiösen Sprechens, wie es etwa in dem Paradox, „das Unsagbare sagen", zum Ausdruck kommt. Diese kritische Haltung der Mystik macht es auch möglich, sie heute noch zu denken.

Uns beiden ist es wichtig, die Mystik nicht als etwas Schwärmerisches und Weltfremdes zu sehen, sondern als engagierte Denk- und Lebensform. Wir betonen den praktischen Anspruch der Mystik, in der alltäglichen Lebenswelt verwurzelt zu sein und veranschaulichen dies, indem wir Mystikerinnen und Mystiker in fiktiven Briefen und Gesprächen lebendig werden lassen. Dadurch wollen wir auch ermutigen, selber mystische Texte zu entdecken, um sie in Verbindung mit den eigenen Fragen zu bringen.

All jenen, die uns begleitet haben und Teile des Manuskriptes kritisch durchgelesen und ergänzt haben, danken wir sehr. Besonders danken wir Elisabeth Stalder, die das Titelbild und die Illustrationen eigens für unser Buch geschaffen hat.

Neuchâtel/Jerusalem, 11. Juli 1993

Pierre Stutz und Andreas Benjamin Kilcher

I. Auf der Suche nach dem verlorenen Gott

Meine Spiritualität kann ich ohne Zögern mit Mystik und Politik umschreiben. Wie ein roter Faden ziehen sich zwei Motive durch mein Leben, die Sehnsucht nach Urvertrauen und nach Gerechtigkeit. Obwohl ich oft von der Mystik redete, nahm ich mir zu wenig Zeit, um mich wirklich darin zu vertiefen. In meiner Sabbathzeit konnte ich mir nun diesen Wunsch erfüllen und ich sehe den Dialog mit den Mystikerinnen und Mystikern als Weiterführung von dem, was ich im ersten Buch schrieb, das diese Reihe eröffnete: „In all den Jahren habe ich meine Gottesbeziehung vertieft, weil ich überzeugt bin, dass die Verwurzelung in den menschgewordenen Gott immer auch die unbequeme Parteinahme für die suchenden und entwurzelten Menschen beinhaltet. Mystik und Politik sind unzertrennbar... Ein Standpunkt, der in biblischen Erfahrungen, Reden und Anreden von Gott die Hoffnung sieht, die im Urvertrauen bestärkt, damit Gottes Gerechtigkeit für alle Menschen erlebbar wird und zur Vollendung kommt, auch durch unser mutiges und befreiendes Engagement."[1] An dieser Haltung hat sich nichts und doch sehr vieles verändert. Nichts, weil dies der Grund meiner Hoffnung bleibt. Vieles, weil in den letzten Jahren einiges in meinem Leben ins Wanken geraten ist und ich um eine neue Gottesbeziehung ringe. Auch die Gedanken, die ich zum Mann-/Frausein geäussert habe, veränderten sich, weil mir auf meiner Identitätssuche der Austausch unter Männern wichtig geworden ist[2]. Ich zähle mich noch mehr zu den suchenden und entwurzelten Menschen. Dieser persönliche Leidensdruck hat mich zur Mystik geführt. Die zwölf Bände „Zeugnisse my-

1 Lisanne Enderli, Pierre Stutz: Tastend unterwegs. Gottesbilder im Mutterunser - Vaterunser, Luzern/Stuttgart (Rex: Theologie konkret, Bd. 1) 2. Aufl. 1992, 14-15
2 Vgl. Ebd. 29-34.

stischer Welterfahrung", die ich von einer Freundin zur Priester-
weihe geschenkt bekam, hatten von Anfang an eine grosse An-
ziehungskraft auf mich. Doch durch mein berufliches Engagement nahm ich mir zu wenig Zeit, um mich darin zu vertiefen.
Und wenn ich es tat, erschwerte mir die Sprache, die oft so
weltverneinend tönt, den Zugang zu den kostbaren Quellen unserer Tradition. Als ich vor drei Jahren in eine grosse Krise ge-
riet und mir der Boden unter den Füssen zu entschwinden droh-
te, wurden für mich mystische Erfahrungen und Texte zum Halt
in verunsicherter Zeit. Denn Mystikerinnen und Mystiker lebten
ihre intensive Gottesbeziehung nicht weil ihr Vertrauen und ihr
Glauben so gross waren, sondern - und das war und ist meine
befreiende Erkenntnis - weil sie vor ihrem Leiden an sich selber,
an den andern und an Gott nicht davonsprangen, vielmehr
dieses Leiden als Chance sahen, um zum tiefsten Grund des Lebens zu gelangen: zur Vereinigung mit dem geheimnisvoll-na-
hen Gott. Diese Entdeckung, liess mich meine Vorurteile und
Bedenken überwinden. Vorurteile, die entstehen, wenn nur
noch von den Entzückungen, vom Ziel gesprochen wird und
wenn der mühsam-befreiende Weg der Selbstwerdung zu
schnell überhöht wird. Das Meditieren von mystischen Texten
hat mir geholfen, mir eine Sabbathzeit einzugestehen. Dies
war ein schmerzhafter Prozess, den ich ohne die Ermutigung
der mystischen Lebenserfahrungen nicht geschafft hätte. In Ent-
scheidungssituationen fragte ich mich, was die andern brauchen und selten, was denn für mich wichtig sei. Ich definierte
mich sehr über meine Leistungen - und tue es immer noch! - und
spürte einen grossen Schmerz, wenn Freunde und Freundinnen
mir sagten und zu verstehen gaben, dass ich allein durch mein
Sein wertvoll sei. Es brauchte die Rebellion meines Körpers, unzählige schlaflose Nächte, die mich zwang, nun vermehrt einen Weg nach innen zu gehen. Ich wehrte mich lange dagegen, hatte grosse Angst vor der Stille und am schlimmsten war
das Gefühl, das mir Gott abhanden kam und ich nicht mehr

beten konnte. In diesen verzweifelten Stunden waren für mich die Gespräche mit den Mystikerinnen und Mystikern, die nun in diesem Buch veröffentlicht werden, eine wertvolle Stütze. Ich finde in ihnen Menschen, die voll zu ihrer Krise standen und die fest überzeugt waren, dass sich im schmerzhaften Prozess der Selbstwerdung, Gott selber geheimnisvoll ereignet. Mit ihnen kann ich mich identifizieren und sie helfen mir, mich neu zu orientieren. Sie ermutigen und fordern mich heraus, mehr loszulassen in meinem Leben, sogar Gott loszulassen, um ihn neu erfahren zu können.

Dieser persönliche Hintergrund prägt die folgenden vier Dialoge mit Hildegard von Bingen, Johannes Tauler, Teresa von Avila und Johannes vom Kreuz. Es ist darum nicht eine ausgewogene, vollständige Darstellung der mystischen Lebenserfahrungen dieser vier Menschen zu erwarten, sondern eher eine Hommage. Trotz dieser „Einseitigkeit" hoffe ich, dass ich ihnen ein wenig gerecht werde. Nur dank der Biographie der Mystikerinnen und Mystiker kann ich ihre Texte besser verstehen. Die ganze Auseinandersetzung und Vertiefung der Mystik hat mich zu vielen Aha-Erlebnissen geführt und mich mir und dem Leben näher gebracht. Denn „Mystik ist die Liebe zum Geheimnis der Wirklichkeit, die Heimkehr des Menschen in seine eigene Tiefe, das Sich-Bergen des Menschen im dunklen Urgrund der Wirklichkeit. Der Mystiker wählt das Dunkel zur Heimat … Jeder Mensch ist Mystiker in seiner Wesensmitte. Je näher er bei sich selber lebt, desto deutlicher kann er mystisches Erleben nachempfinden."[3] Echte, glaubwürdige Mystikerinnen und Mystiker fliehen nicht vor der Wirklichkeit, sie versuchen im Hier und Jetzt zu leben und sehen die Wirklichkeit intensiver, nicht oberflächlich, sondern mit den Augen und dem Herzen Gottes.

3 Georg Schmid: Die Mystik der Weltreligionen. Eine Einführung, Stuttgart (Kreuz: Wege der Mystik) 1990, 26.38.

Darum leben sie intensive freundschaftliche Beziehungen, entdecken Gott in allen Dingen, besonders in der Schöpfung, setzen sich für Reformen in der Kirche ein, wagen radikal und kühn die Sinn- und Gottesfrage zu stellen, lieben das Künstlerische, verdrängen Leid und Ohnmacht nicht, sondern stehen zu ihren Grenzen und können darum auch viele Menschen begleiten und trösten. Christliche Mystikerinnen und Mystiker orientieren sich an der biblischen Botschaft und an der Praxis Jesu. Sie wagen trotzdem vielfältige Formen der Gottesbeziehung und stehen zu dem Schweigen, das sich durch ergreifende Erfahrungen ereignen kann. Die Verwurzelung in den gekreuzigten und auferstandenen Christus führt sie nicht in eine abgehobene Innerlichkeit, sondern auf die Strassen und Marktplätze zu den Menschen, die sich nicht mit Konsum und Ungerechtigkeit abfinden und die den Traum einer zärtlicheren und gerechteren Welt noch nicht ausgeträumt haben. Dahin muss sich auch die Kirche - die offizielle und wir alle - hinbewegen. Zu der grossen Sehnsucht der Menschen nach Geborgenheit und Freiheit. Ohne Umkehr zur Einfachheit und zum Loslassen von alten, unverständlichen Formulierungen und Riten wird dies nicht möglich sein. Die Mystik führt in die Nähe der Jugendlichen und Erwachsenen, die sich nach lebendigen, ganzheitlichen Gottesdiensten und nach eigenständigem, mündigem Christsein sehnen. Mit ihnen zusammen hoffe ich auf eine mystische Kirche, die dialog- und menschenfreundlicher wird.

Die zahlreichen Anmerkungen und Verweise auf die Quellentexte und auf wichtige weiterführende Literatur helfen den Leserinnen und Lesern, die sich selber tiefer mit der Mystik auseinandersetzen wollen. Unsere Welt braucht viele all-tägliche Mystikerinnen und Mystiker. Menschen, die sich, wie die Dichterin Rose Ausländer so treffend sagt, „an allen Ecken wundstossen und ganz bleiben"[4].

4 Rose Ausländer: Mutterland - Einverständnis. Gedichte, Frankfurt a.M. (Fischer TB 5775) 1982, 12.

Leidenschaftlich verliebt in die Schöpfung

Hildegard von Bingen (1098-1179)

Hildegard wird als zehntes Kind in einer Adelsfamilie in Bermersheim bei Alzey (Rheinhessen) geboren. Schon mit acht Jahren wird sie Jutta von Spanheim, die in der Nonnenklause des Mönchsklosters Disibodenberg lebt, zur geistlichen Erziehung anvertraut. Um 1114 tritt sie ins Benediktinerinnenkloster ein und wird 1136 von den Mitschwestern zur Äbtissin gewählt. In den Jahren 1141-51 schreibt Hildegard ihre visionären Erlebnisse - mit Hilfe des Mönches Volmar und der Nonne Richardis - nieder: „Liber Scivias" (Wisse den Weg). Ihre Theologie stellt sie in einen kosmologischen Rahmen. Die Entfaltung ihres mystischen Welt- und Menschenbildes ist zugleich ein politisches Dokument höchsten Ranges, worin sie ihre Zeitkritik vorträgt. 1147/48 lässt Papst Eugen III. die Schrift durch eine Kommission prüfen und bestätigt auf der Trier Synode ihre kraftvolle, schöpfungszentrierte Theologie. Hildegard wird berühmt und engagiert sich in zahlreichen Briefen an Päpste, Fürsten, Bischöfe, Kaiser und Könige für eine menschenfreundlichere Welt. 1150 gründet sie ein Kloster auf dem Rupertsberg bei Bingen, das möglichst unabhängig von den Mönchen sein soll. Die Erlösung des Menschen ist ihr Lebensthema. Sie spricht davon nicht nur in kraftvollen Visionen, sondern sie hilft als Ärztin und Apothekerin mit ihren Naturheilmitteln den Menschen wirklich zur ganzheitlichen Befreiung. 1151-58 entsteht ihre Natur- (Physica) und Heilkunde (Causae et curae) und viele Menschen suchen Rat bei ihr. Im „Buch der Lebensverdienste" (Liber vitae meritorum) thematisiert sie den alltäglichen Kampf zwischen Gut und Böse und bestärkt den Menschen zum verantwortungsvollen Umgang mit der Welt. Sie nimmt ihre Eigenverantwortung auch selber wahr und begibt sich mutig auf verschiedene Predigtreisen nach Mainz, Würzburg, Trier,

Köln und trägt - ganz ungewöhnlich als Frau - mitten auf den Marktplätzen ihre Visionen einer zärtlicheren Welt und ihre Kritik an geldgierigen Klerikern und Politikern vor. In elfjähriger Arbeit entsteht ihr reifstes Werk „Buch der Gotteswerke" (Liber divinorum operum 1163-73). Der Mensch im Zentrum des kreisenden Rades prägt ihre Visionen, die durch das Eingebundensein in den Kosmos von Kreativität, Lebensfreude und einfühlsamer Verantwortung für die Mitwelt erzählen. Ein Werk, das durch Christus vollendet wird. Ihre Solidarität mit einem Exkommunizierten bringt sie in Konflikt mit der Mainzer bischöflichen Behörde, die über das Kloster ein Interdikt, ein Verbot von Gottesdiensten, verhängt. Hildegard wehrt sich, sendet Appelle nach Rom und erreicht die Aufhebung des Bannes. Am 17. September 1179 stirbt sie im Kloster Rupertsberg bei Bingen. Ihre medizinisch-naturwissenschaftlichen, musikalischen und theologisch-visionären Werke beinhalten eine zeitüberragende Botschaft, die aus der Schöpfungsverbundenheit einlädt, phantasie- und verantwortungsvoll mit der Mitwelt umzugehen.

Liebe Hildegard von Bingen

An einer Tagung mit Ordensverantwortlichen aus vielen verschiedenen Ordensgemeinschaften habe ich von dir gehört. Dein Name, deine Heilkunst und deine kompetente Naturkunde mit den ausführlichen Beschreibungen von Pflanzen, Tieren, Metallen und Edelsteinen waren mir bekannt, mehr nicht. Beim Essen erzählte mir eine ältere Priorin ganz begeistert von dir. Sie möchte die Widerstandskraft der Orden neu beleben und sieht in dir eine Verbündete. Eine Ordensfrau, die mit vielen andern auf den Frühling der Kirche hofft, und die sich nicht scheute, harte Kritik an einer zentralistischen Kirchenleitung zu üben, sprach - nicht ohne Stolz - von deiner Gehorsamsverweigerung, die du als 80jährige Benediktinerinnenäbtissin gewagt hast. Eine Geschichte, die mich aufhorchen liess. Im Jahre 1178 hast du einen jungen Adligen, der eines Verbrechens wegen im Kirchenbann gestorben ist, auf dem Friedhof deiner Abtei Rupertsberg beerdigen lassen. Dieser Solidaritätsakt hat nicht nur dir, sondern dem ganzen Konvent schwerwiegende Konsequenzen gebracht. Die Mainzer bischöfliche Behörde stellte dich vor eine schwierige Wahl: entweder die Leiche wird unverzüglich ausgegraben und in ungeweihter Erde ausserhalb des Klosters diskret verscharrt oder über dich und das ganze Kloster wird ein Interdikt erlassen, ein Verbot, öffentlich Gottesdienst zu feiern und die Sakramente zu empfangen. Du hast dich auf die Seite des Aussenseiters gestellt, nicht mit schönen Worten, sondern mit deiner ganzen Persönlichkeit. Eine Tat, die mich zutiefst bewegt, weil sie nicht nur von dir, sondern auch von deinen Mitschwestern forderte, auf etwas Zentrales im Leben, das Feiern von Gottes Gegenwart zu verzichten. Dadurch hast du unwiderruflich aufgerufen, „das Leben zu wählen"[1] und in Eigenverantwortung dem Gewissen zu folgen.

1 Vgl. Deuteronimum 30,19: „Leben und Tod lege ich dir vor, Segen und Fluch. Wähle also das Leben, damit du lebst, du und deine Nachkommen".

Einige Monate musstet ihr auf Gottesdienste im Kloster verzichten. Während dieser Zeit hast du dich gewehrt, bis der in Rom weilende Erzbischof den Bann wieder aufhob. Durch diese mutige Tat bist du für mich eine sympathische[2] Frau geworden und ich wollte mehr von deinem Leben und deinen Visionen, deiner Sehnsucht nach einer neuen Welt wissen. Dein glaubwürdiger Tatbeweis hat es mir ermöglicht, einen Zugang zu deinen oft sehr schwierigen Büchern zu finden. Im Nachhinein sehe ich in diesem Widerstandsakt die Verdichtung deiner ganzen Lebens- und Glaubenserfahrung. Die Würde des Menschen, die nur in Beziehung zum Schöpfer und zur Schöpfung voll erfahrbar wird, steht über allen kirchlichen Gesetzen. Oder wie du es so treffend sagst:

"Als Gott dem Menschen ins Angesicht schaute, gefiel er Ihm sehr gut. Hatte er ihn doch nach der Gewandung Seines Bildnisses und auf Verähnlichung mit sich hin erschaffen! Der Mensch sollte mit dem Instrument seiner vernünftigen Stimme alle Wunderwerke Gottes verkündigen: Denn der Mensch ist das volle Werk Gottes. Gott wird vom Menschen erkannt, und um des Menschen willen hat Gott alle Geschöpfe erschaffen. Ihm hat er gestattet, im Kuss der wahren Liebe durch seine Geistigkeit Gott zu preisen und zu loben."[3]

Du wusstest, dass der junge Mann sich einem Priester anvertraut (gebeichtet) hat. Offiziell konnte er die über ihn verhängte Exkommunikation nicht mehr aufheben, doch für dich war der Einklang mit sich selber das Entscheidende; was für dich

---

2 Verstanden im ursprünglich-griechischen Wortsinn: mitleiden. Vgl. auch „Maria ist eine Sympathisantin", in: Dorothee Sölle: Sympathie. Theologisch-politische Traktate, Stuttgart (Kreuz) 1978, 56-61.

3 Buch der Gotteswerke (Liber Divinorum Operum), zitiert nach: Hildegard von Bingen, hrsg. u. eingeleitet von Heinrich Schipperges, Olten (Walter „Zeugnisse mystischer Welterfahrung") 1983, 147.

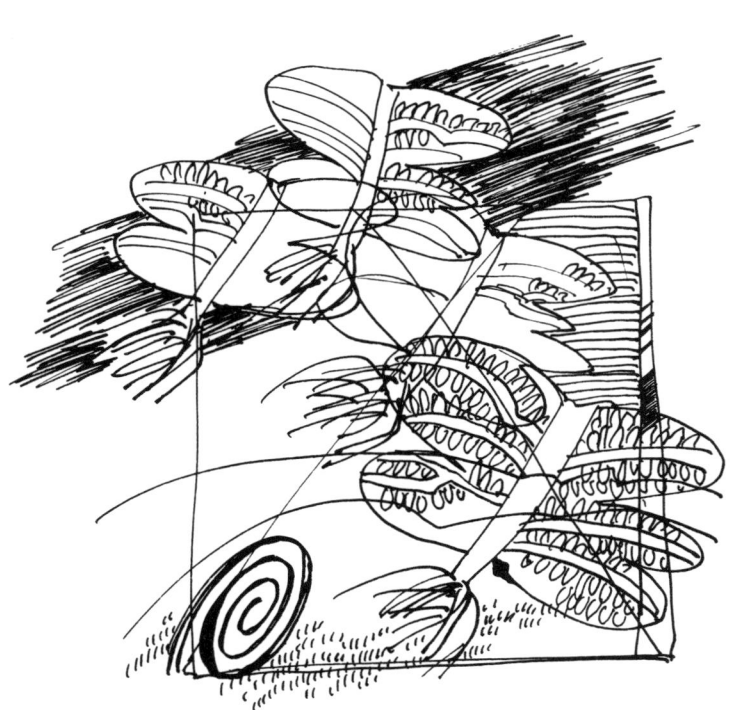

immer auch den Einklang mit dem Schöpfer und seiner Schöpfung bedeutet. Darum erweiterst du die brisante Frage der Beichte sogar auf die vier Elemente. So ernst nimmst du den einzelnen Mensch als Teil der Schöpfung: „Wenn jemand in der Stunde seines Todes ein Heilmittel für seine Sünden sucht, jedoch keinen Priester bekommen kann, dem er seine Sünden bekennt, so tue er sie einem andern Menschen, der ihm zu dieser Zeit zur Verfügung steht, kund; oder kann er so plötzlich keinen Menschen erreichen, eröffne er sie mit innerstem Herzensverlangen in Gegenwart der Elemente"[4]. Diese Grundhaltung musste dir Schwierigkeiten bringen, obwohl du in vielen theologischen Fragen eine konservative Reformerin[5] warst, finden sich bei dir wichtige Akzente für eine kosmische Theologie, in der du von einem dynamisch-zärtlichen Gott redest, der „ja nicht geschaut werden kann, sondern durch die Schöpfung erkannt wird"[6]. In deinen Visionen hast du gesehen, dass alles Leben seinen Ursprung in Gott hat:

„Und so ruhe Ich in aller Wirklichkeit verborgen als feurige Kraft. Alles brennt allein durch Mich, so wie der Atem den Menschen unablässig bewegt, gleich der windbewegten Flamme im Feuer. Dies alles lebt in seiner Wesenheit, und kein Tod ist darin. Denn Ich bin das Leben. Ich bin auch die Vernunft, die den Hauch jenes tönenden Wortes in sich trägt, durch das die ganze Schöpfung gemacht ist. Allem hauchte Ich Leben ein, so dass nichts davon in seiner Art sterblich ist. Denn Ich bin das Leben. Ich bin das ganz heile Leben: nicht aus Steinen geschlagen, nicht aus Zweigen erblüht, nicht wur-

4 Hildegard von Bingen: Scivias - Wisse die Wege. Eine Schau von Gott und Mensch in Schöpfung und Zeit, Freiburg i.Br. (Herder-Spektrum 4115) 1992, 277.
5 Vgl. Christian Feldmann: Hildegard von Bingen, Nonne und Genie, Freiburg i.Br. (Herder) 1991, 221-226: Eine empfehlenswerte, gründliche und spannende Hildegard-Biographie.
6 Buch der Gotteswerke, zit. nach H. Schipperges: a.a.O. 112.

zelnd in eines Mannes Zeugungskraft. Vielmehr hat alles Leben seine Wurzel in Mir."[7]

In der Dynamik und Leidenschaft jenes Menschen aus Nazareth verdichten sich für dich all diese Worte und zeigen uns zugleich einen Gott, der sich uns Menschen zärtlich zuwendet, den du darum auch Mutter nennst. Durch diesen „Lebensquell kam nämlich die umarmende Mutterliebe Gottes zu uns, sie nährte unser Leben, hilft uns in Gefahren und leitet uns"[8].
Weisst du, dass wir erst seit einigen Jahren durch die feministische Theologie, dieses neue oder eher uralte Reden von Gott entdecken. Leider reden noch zuviele einseitig vom „Herr-gott" und haben nicht deine Weitsicht, die nicht vom BeHERRschen der Erde redet, sondern wie die Indianer von der Sorge um die Mutter Erde: „So ist die Erde gleichsam die Mutter der verschiedensten Arten, die teils aus dem Fleisch stammen, teils aber auch aus Samen in sich selber wachsen. Sie ist aller Mutter, weil alles, was nur immer Gestalt und Leben irdischer Natur hat, sich aus ihr erhebt."[9] Menschen, die aus dieser Verbundenheit leben, fördern die Solidarität mit den Schwächeren, leben sinnlicher und gewaltfreier. Zu unserem grossen Unglück hat sich deine Sicht der Welt wenig durchgesetzt und wir haben viel von unserer Sinnlichkeit verloren und Konflikte zu sehr mit Gewalt gelöst. Trotzdem finden sich immer wieder Menschen, die wie du auf ihre innere Stimme gehört haben und auch vom Eingebundensein in die Schöpfung sprechen. Ich entdecke sie neu, wie zum Beispiel die Einsiedlerin Juliana von Norwich (1342-1416), die mitten in der Stadt leb-

7 Ebd. 37.
8 Hildegard von Bingen: Scivias, 120.
9 Hildegard von Bingen: Welt und Mensch, zit. nach Matthew Fox: Der grosse Segen. Umarmt von der Schöpfung. Eine spirituelle Reise auf vier Pfaden durch sechsundzwanzig Themen mit zwei Fragen, München (Claudius) 1991, 69.

21

te und schöpfungsorientiert die Mütterlichkeit Gottes und Christi hervorhebt und eine sinnliche Spiritualität fördert: „Unsere Sinnlichkeit gründet in der Natur, in Mitgefühl und Gnade. In unserer Sinnlichkeit wohnt Gott. Gott ist das Mittel, durch das unser Wesen und unsere Sinnlichkeit zusammengehalten werden, um niemals getrennt zu sein … Wir sind in Gott und Gott, den wir nicht sehen, ist in uns."[10] Auch Mahatma Ghandi spricht davon und führt deine Gedanken im Ideal der Gewaltfreiheit weiter: „Aber Gott zu verwirklichen heisst, ihn in allem zu sehen, was lebt, das heisst, unsere Einheit mit der ganzen Schöpfung zu verwirklichen. Das ist unmöglich, wenn wir nicht freiwillig physische Gewalt meiden und bewusst die latent in jedem von uns vorhandene Nicht-Gewalt entwickeln."[11] Dieser Spur will ich folgen…

* * *

Eine lange Zeit voller Selbstzweifel hast du gebraucht, um deine inneren Bilder aufzuschreiben. Du tust es, weil du dazu aufgefordert wirst und erst lange nach der Niederschrift vertraust du deinem Sekretär Wibert an, was damals in dir vorgegangen war: „Ich bin ständig von zitternder Furcht erfüllt … Ich sehe aber diese Dinge nicht mit den äusseren Augen und höre sie nicht mit den äusseren Ohren, auch nehme ich sie nicht mit den Gedanken meines Herzens wahr noch durch irgendwelche Vermittlung meiner fünf Sinne. Ich sehe sie vielmehr einzig in meiner Seele, mit offenen leiblichen Augen, so dass ich dabei niemals die Bewusstlosigkeit einer Ekstase erleide, sondern wachend schaue ich dies, bei Tag und Nacht

---

10 Ebd. 69.104.
11 Mahatma Ghandi: Handeln aus dem Geist, ausgew. und eingel. von Gertrude und Thomas Sartory, Freiburg i.Br. (Herderbücherei „Texte zum Nachdenken" 632) 1977, 116.

... Ich sehe, höre und weiss gleichzeitig, und wie in einem Augenblick erlerne ich das, was ich weiss."[12] Es sind kosmische Visionen, die hoffnungsvoll von der Befreiung des Menschen erzählen, die du in einem Zeitraum von 30 Jahren diktiert und aufschreiben liessest. Diese innere Erfahrung führt dich zu einer intensiven Weltbejahung. Deine naturwissenschaftlichen, medizinischen und musikalischen Begabungen kommen durch dein Ernstnehmen und Aussprechen deiner Intuition noch stärker zur Entfaltung.

Deine Bildmystik[13] lebt vom Ergriffensein des unbegreiflichen Schöpfers und ich sehe darin eine Ermutigung, uns genügend Zeit und Raum zu nehmen, um unsere inneren Bilder lebendig werden zu lassen. Bilder, die uns auch den tieferen Sinn unserer Wirklichkeit aufzeigen können und uns erinnern, dass wir nur in Einklang mit der Natur überleben können. Denn die „Hintergründigkeit der Welt zu erkennen und mit ihr in Einklang zu leben, bedarf noch anderer Organe als des Auges. Erkenntnis der Welt ist Wahrnehmung dessen, was hinter Raum und Zeit liegt. Wir können es unterschiedlich benennen: Sinn des Lebens, das Eigentliche, das Geheimnis der Welt, Gott. Maria Kassel nennt die Quelle spiritueller Erkenntnis, das Auge im Bauch'. Sehen mit dem Auge im Bauch ist mehr als Sehen, es ist die Fähigkeit zur Imagination. Sie führt zu einer anderen Qualität der Erkenntnis als Faktenwissen. Sie eröffnet den Zugang zum Wesentlichen, das sich hinter Zähl- und Planbarem verbirgt."[14] Du lebst diese Fähigkeit nicht euphorisch-schwärmerisch, sondern kämpfst und engagierst dich für dieses Bewusstsein. Deine Natur- und Heilkunde[15] zeigen uns, was

12 Briefwechsel, zit. nach Christian Feldmann: a.a.O. 47-48.
13 Vgl. Sudbrack Josef: Mystik im Dialog. Christliche Tradition, Ostasiatische Tradition, Vergessene Tradition, Würzburg (Echter) 1992, 120.
14 Marie-Theres Beeler, Lisianne Enderli: Bilder-Sturm. Dynamische Symbole in feministischer Sicht, Luzern/Stuttgart (Rex: Theologie konkret, Bd. 5) 1993, 15.
15 Neu erschienen in der Reihe Herder-Spektrum: Hildegard von Bingen: Heilwissen (Band 4050) 1991 und Heilkraft der Natur - Physica (Band 4159) 1993.

deine mystischen Erfahrungen in dir bewirken. Deine Leidenschaft führt dich zu minutiöser Kleinarbeit und du beschreibst über 500 Pflanzen, Tiere und Edelsteine, schilderst kompetent das Leben der Fische, beobachtest die Vogel- und Tierwelt. Kraftvoll rufst du zu einer gesunden Lebensführung auf. Von Leibfeindlichkeit ist bei dir nichts zu spüren. Wir sind Leib und du zeigst als Ärztin und Apothekerin auf, dass Heilung nur durch Veränderung der Lebensführung möglich sein wird. Deine psychosomatische Ganzheitsmedizin bekommt bei uns wieder mehr Gewicht. Dadurch wird auch die heilende Kraft des Glaubens neu erfahrbar. Es ist wirklich notwendig, „die Leib-Seele-Einheit des Menschen wiederzuentdecken, die Kraft, die im Sichannehmenkönnen und Sichgeliebtwissen auch für den Körper steckt, die enorme Bedeutung menschlicher Nähe und Solidarität für den Heilungsprozess. Jesus Christus hat uns in seinen Heilungswundern vorgemacht, wie wichtig die mitfühlende Nähe und das Ernstnehmen des allzuoft isolierten Kranken sind."[16] Das alles können wir bei dir lernen. Hätte ich deine lebensfördernden Weisheiten nur schon vor einiger Zeit entdeckt. Ich habe mich nämlich selber über Jahre hinweg geweigert, die Signale meines Körpers ernstzunehmen, die durch meine konstante Überarbeitung sich in mir meldeten. Erst durch einen massiven Leidensdruck, einer wochenlangen Schlaflosigkeit habe ich mich zu einem Sabbathjahr durchgerungen. Nicht, um nichts mehr zu tun, sondern um gesünder und schöpfungsbezogener zu leben, damit die „Seele den Leib durchfliessen kann wie der Saft den Baum"[17].

* * *

16 Christian Feldmann: a.a.O. 121.
17 Hildegard von Bingen: Scivias, a.a.O. 133.

„Gott hat alle Dinge
der Welt so eingerichtet,
dass eins auf das andere Rücksicht nehme ...

Ich aber bin jener Lufthauch, der alles Grüne nährt
und die Blüten spriessen lässt mit ihren reifenden Früchten.
Mit jedwedem Hauch des Heiligen Geistes werde ich belehrt,
so dass ich die lautersten Bäche ergiessen kann.
Mit dem Seufzen zum Guten rufe ich Tränen hervor
und aus den Zähren den Wohlgeruch heiliger Werke.
Auch bin ich jener Regen, der aus dem Tau herweht,
durch den alle Kräuter mich anlachen zu fröhlichem Leben.[18]

Urkraft der Ewigkeit
in Deinem Herzen ist alles geordnet,
erschaffen ist alles, wie Du gewollt,
durch dein Wort."[19]

Diese Gedanken und Gedichte kann ich nun in meiner Sabbathzeit in Jerusalem und im Jura in der Natur selber medi-
ieren. Sie begeistern mich und helfen mir, eine noch klarere
Schöpfungsspiritualität zu leben, und mich für ökologische Pri-
oritäten einzusetzen. Eine Spiritualität, in der das Aufeinander-
angewiesensein aller Kreaturen zum Ausdruck kommt, weil darin das Hingezogensein zum Schöpfer sich ereignet: „So war
alles Gehorchen der Kreatur nur ein Verlangen nach dem Kusse des Schöpfers. Und alle Welt empfing den Kuss ihres
Schöpfers, da Gott ihr alles schenkte, was sie brauchte ...
Aber auch der Schöpfer ist mit Seiner Schöpfung im Bunde,
wenn Er ihr die grünende Lebensfrische und die fruchtbare Le-

18 Matthew Fox: Vision vom Kosmischen Christus. Aufbruch ins dritte Jahrtausend, Stuttgart (Kreuz) 1991, 35.166.
19 Lieder (Carmina) zit. nach H. Schipperges: a.a.O. 65.

benskraft spendet ... Daher darf die Schöpfung in inniger Liebe zu ihrem Schöpfer wie zu einem Geliebten reden ... der Mensch ist das Inbild und die Fülle aller Schöpfung. In seinem innersten Seelengrunde verlangt er nach dem Kusse seines Gottes."[20]

Seit ich deine mystischen Lebenserfahrungen ein wenig kenne, gehe ich ganz anders durch die Schöpfung. Oder anders ausgedrückt, das Wandern und Sein in der Natur wird mir zum Gebet und erinnert mich an deine Hoffnung, in allem Gott hautnah zu erfahren:

Ich sitze am Bergbach und höre lange dem Rauschen des Wassers zu, jogge durch den Wald und geniesse das Zwitschern der Vögel und nehme das kraftvolle Grün der Bäume und Pflanzen in mir auf. Ich stehe nach einem Gewitter vor einem Blatt, das voller Regentropfen ist und staune über die Phantasie und Vielfalt. Ich umarme einen Baum, der ganz allein auf einem Hügel steht und ich bin

umfangen von den Umarmungen der Geheimnisse Gottes.

Ich trage einen Stein in meiner Hand und spüre seine wohltuende Kraft. Ich geniesse den Geruch der Blumen und Kräuter im Garten, bräune mich an der Sonne und erfrische mich im Wasser. Ich steige auf hohe Gipfel rund um Zermatt, gehe über Schneefelder und schweige voller Staunen und Dankbarkeit über die Weite und Grösse. Ich betrachte die Einzigartigkeit jedes Grashalmes und die schöpferische Phantasie, die sich in jeder Blume entdecken lässt. Ich schaue den Fischen zu, wie sie im Wasser auf und ab springen und spüre meinen Freiheitsdrang beim Anblick der Pferde in den Freibergen, und ich bin umfangen von den Umarmungen der Geheimnisse Gottes.

20 Buch der Lebensverdienste, zit. nach H. Schipperges: a.a.O. 178-179.

26

Ich verweile in der Nähe eines Rehes, das friedlich am Waldrand weidet. Ich spaziere stundenlang bei klarem Sternenhimmel durch die Nacht und schaue bei Tag dem Spiel der Wolken zu und bin überwältigt vom Universum. Ich bin im Meer und abends lausche ich dem Schweigen der Wüste. Ich komme ganz durstig in einer Oase an und erinnere mich an dein Schöpfungslied:

„O edelstes Grün,
du wurzelst in der Sonne,
strahlst auf in leuchtender Helle in einem Kreislauf,
den kein irdisches Sinnen begreift:
Du bist umfangen von den Umarmungen der Geheimnisse Gottes."[21]

Dann denke ich an all die Menschen, die sogenannten Naturfreunde, die durch deine Worte eine neue Beziehung zum Göttlichen entdecken könnten, weil deine Theologie so sinnlich ist. Eine Theologie, die wie die Mystik von Juliana von Norwich zu allererst das Gute der Schöpfung und des Menschen hervorhebt: „Gott ist alles Gute, wie ich meine und das Gute in allem ist Gott."[22] Oder wie dies die Theologin Carter Heyward ausdrückt:

„Im Anfang war Gott,
im Anfang die Quelle von allem, was ist,
im Anfang die Sehnsucht: Gott.

21 Lieder, zit. nach H. Schipperges: a.a.O. 139.
22 Juliana von Norwich: zit. nach Fox Matthew: Der grosse Segen, a.a.O. 53.

Gott - die stöhnende,
Gott - die in Wehen liegende,
Gott - die gebärende,
Gott - die jubelnde,
Gott, voller Liebe für ihr Geschöpf,
sprach: Es ist gut!

Dann hielt Gott zärtlich die Erde im Arm,
wissend, dass alles Gute geteilt sein will.
Gott sehnte sich nach Verbundenheit.
Gott wollte die gute Erde teilen mit andern,
und die Menschheit ward geboren aus Gottes Verlangen.
Wir wurden geboren, die Erde zu teilen."[23]

Dabei wird mir schmerzlich bewusst, welche Verarmung und
Einseitigkeit unsere patriarchalisch geprägte Theologie gefördert hat und sie bis heute mit ihrem Herrschaftsanspruch verteidigt. Ein Anspruch, der sich nicht zuletzt in einer erstarrten Se-
xualmoral verirrt.

* * *

Ich staune, wie unbefangen du über die Geschlechtlichkeit
sprichst, obwohl deine Mystik sich sehr unterscheidet von der
Liebesmystik einer Mechthild von Magdeburg[24], die in ihrem
„Fliessenden Licht der Gottheit", das Liebesgeschehen zwi-
schen Gott und der Seele „erstmalig in unmittelbar-rückhaltloser
Formgebung"[25] beschreibt. Die schöpferische Kraft, die in dir

---

23 Zit. nach Dorothee Sölle: Lieben und arbeiten. Eine Theologie der Schöpfung, Stuttgart (Kreuz) 1985, 34.
24 Vgl. Mechthild von Magdeburg: Ich tanze, wenn du mich führst, ausgewählt, übersetzt und eingeleitet von Margot Schmidt, Freiburg i.Br. (Herderbücherei: „Texte zum
   Nachdenken" 1549) 1988.
25 Kurt Ruh: Geschichte der abendländischen Mystik. Band II: Frauenmystik und Fran-
   ziskanische Mystik der Frühzeit, München (C.H.Beck) 1993, 257.

lebt, lässt dich offen das Wunder der Sexualität beschreiben. Wie in vielen andern theologischen Fragen übernimmst du unglaubliche (!) Vorstellungen deiner Zeit. Zugleich finden sich bei dir neue Ansätze. Du siehst „die Sexualität kühn als Abbild des von Ewigkeit her innerhalb der göttlichen Dreifaltigkeit stattfindenden Gesprächs"[26], siehst die Geschlechtsorgane, wie das Gehirn mit Vernunft begabt und erahnst im Geschlechtsakt nichts Unreines, sondern die „Kraft der Ewigkeit"[27]. Aus ihr entspringt ja alle Liebe im Kosmos. „In der Ewigkeit hat sie ihr Zelt. Denn als Gott die Welt erschaffen wollte, neigte er sich in zärtlichster Liebe herab."[28] Ich bin überzeugt, dass deine Gedanken uns helfen können, die lebensverneinende Trennung zwischen Sexualität und Spiritualität zu überwinden. Die ganze mystische Tradition fördert die positive Deutung der Sexualität. Die Sexualität als Abbild des göttlichen Dialoges zu sehen, finde ich auch in der jüdischen Mystik: „Angesichts der enormen Bedeutung, die die Sexualität in der kabbalistischen Auffassung vom Göttlichen hat, ist es nicht überraschend, dass die mystische Tradition die Quelle einiger der positiven Stränge der jüdischen Einstellung zur ehelichen Sexualität ist. Für die Kabbalisten ist der menschliche Geschlechtsverkehr, wo er mit der richtigen Intention und innerhalb der gesetzten Grenzen ausgeübt wird, eine Nachahmung des Prozesses innerhalb des Göttlichen und eine symbolische Verwirklichung der Wiedervereinigung von Gott und Schekhina"[29], dem Einwohnen Gottes in der Welt. Und ich denke an dich, wenn der Mönch Casian sagt, dass nur der vitale, auch in seiner Sexualität sich

26 Christian Feldmann: a.a.O. 146.
27 Heilkunde (Causae et Curae), zit. nach H. Schipperges: a.a.O. 154.
28 Briefe, zit. nach Ch. Feldmann: a.a.O. 147.
29 Judith Plaskow: Und wieder stehen wir am Sinai. Eine jüdisch-feministische Theologie, Luzern (Edition Exodus) 1992, 224.

spürende Mönch, zu einem glühenden Gottesverehrer wird. Wer „ohne Vitalität und Sexualität ist, wird auch in seiner Frömmigkeit kraftlos und leer bleiben und niemanden für den lebendigen Christus begeistern können."[30] Dies ist der entscheidende Punkt für eine leibhafte Spiritualität, die uns Menschen Heilung und Beziehung ermöglicht. Denn, beide, „Religion und Sexualität, heilen, weil sie die Kluft zwischen uns und der Welt schliessen! Wir entdecken uns als ‚Teil von allem' und erfahren uns als eins mit dem Mysterium des Lebens. Wenn wir über Gott sprechen in Beziehung auf unsere Sexualität, dann werden wir der Liebe, die in uns wirkt, gewahr. ‚In Gott leben, weben und sind wir' (Apostelgeschichte 17,28). Der Ausdruck ‚in Gott sein' bedeutet, dass wir uns selbst gleichzeitig aktiv und passiv erfahren: Wir leben, aber das Leben trägt uns weiter; wir bewegen uns vorwärts, aber werden auch in das Gewebe des Lebens einbezogen. Wir sind geschaffen und selber schöpferisch."[31]

* * *

Der Strom des Lebens fliesst durch dich und darum nimmst du auch als sensible Frau wahr, wo das Leben und die Schöpfung bedroht ist. Durch die vielen Kontakte und Begegnungen mit ganz verschiedenen Menschen, weisst du um den „Machbarkeitswahn" und die Zerbrechlichkeit des Menschen. Du siehst einen Zusammenhang zwischen dem Handeln der egoistischen Menschen und der leidenden Schöpfung. Unmissverständlich ergreifst du als Stimme Gottes Partei für die Natur und wehrst dich, wenn Gott als Lückenbüsser für die zerstörerischen Fehler der Menschen hinhalten muss: „Doch nun sind alle

---

30 Anselm Grün: Ehelos - des Lebens wegen, Münsterschwarzach (Münsterschwarzacher Kleinschriften 58) 1989, 29.
31 Dorothee Sölle: Lieben und arbeiten, a.a.O. 181-182.

Winde voll vom Moder des Laubes, und die Luft spei Schmutz aus, so dass die Menschen nicht einmal recht ihren Mund aufzumachen wagen. Auch welkte die grünende Lebenskraft durch den gottlosen Irrwahn der verblendeten Menschenseelen. Nur ihrer eigenen Lust folgen sie noch und lärmen: ‚Wo ist denn ihr Gott, den wir niemals zu sehen bekommen?' Ihnen antworte Ich: Seht ihr Mich denn nicht Tag und Nacht? Seht ihr Mich nicht, wenn ihr sät und wenn die Saat aufgeht, von Meinem Regen benetzt? Ein jedes Geschöpf strebt hin zu seinem Schöpfer und erkennt ganz klar, dass nur Einer es hervorgebracht hat. Nur der Mensch ist ein Rebell. Er zerreisst seinen Schöpfer in die Vielzahl der Geschöpfe."[32] All jene, die sich für die Bewahrung der Schöpfung ein- und aussetzen, können mit dir eine Spiritualität der Konfliktfähigkeit einüben. Durch dein beharrliches Engagement kann ich lernen, konfliktfähiger zu werden, ohne meine verwundbaren Seiten verstecken zu müssen. Du bist Mystikerin und Prophetin[33] und weil für mich Mystik und Politik unzertrennbar sind[34], so kann ich auch die Grenzen zwischen Mystik und Prophetie nicht ziehen. Deine

---

32 Buch der Lebensverdienste, zit. nach H. Schipperges: a.a.O. 162.

33 Vgl. Kurt Ruh: Geschichte der abendländischen Mystik, Band I: Die Grundlegung durch die Kirchenväter und die Mönchstheologie des 12. Jahrhunderts, München (C.H.Beck), 1990, 14: „Hildegard steht indes weder in einer mystischen Tradition, noch hat sie eine solche bewirkt." Dagegen wehrt sich zurecht Josef Sudbrack. Vgl. Josef Sudbrack: Mystik im Dialog, a.a.O. 119. und ders.: Mystik. Selbsterfahrung - Kosmische Erfahrung - Gotteserfahrung, Mainz/Stuttgart (Matthias-Grünewald/Quell) 1988, 49/50: „Das zeigt aber auch die Art ihrer Mystik, die man ‚klassisch': ‚Mystik der geistlichen Sinne' nennen kann: Hildegard erfährt nicht in leerer Abstraktheit, sondern in sinnenhafter Dichte ... Damit meint sie in christlicher Tradition die ‚geistlichen Sinne'."

34 Vgl. Edward Schillebeeckx (Hrsg.): Mystik und Politik. Theologie im Ringen um Geschichte und Gesellschaft - Johann Baptist Metz zu Ehren, Mainz (Matthias-Grünewald) 1988, 12: Mystik und Politik stehen sich „unversöhnt gegenüber und ihre Dialektik zeigt sich praktisch: Solange Gott nicht ‚alles in allem' ist, kann Mystik nichts anderes als der Schrei des gottfernen Leidens in der Welt sein und die Art, ihm Gehör, Sichtbarkeit, Anschaulichkeit und herausfordernde, eben ‚politische' Gestalt zu geben."

Visionen und deine kritischen Predigten zeugen davon. Mir tut es gut, dass du dich nicht nur dem einzelnen, besonders den Kranken zugewendet hast, sondern dass du dich auch strukturell für eine gerechtere Welt eingesetzt hast. Als Frau hast du die Ungerechtigkeit am eigenen Leibe erfahren. Dank deiner inneren Bilder, die dir einen zärtlichen und gerechten Gott offenbarten, hast du dich gewehrt gegen die Bevormundung der Mönche und für die Autonomie eures Klosters. Auch das tust du ganzheitlich. Sensibel wie du bist, macht dich der Widerstand und die eigene Zerbrechlichkeit zuerst krank. Deine Erfahrungen kann ich sehr gut mitvollziehen. Ich bringe sie in Verbindung mit einer notwendigen Spiritualität des Widerstandes. Ich tue mich sehr schwer damit. Schon als Kind habe ich gelernt und erfahren, dass Versöhnung zum Wesentlichen des Christseins gehört. Versöhnung oft verstanden als allzu schnell Kompromisse einzugehen, einem faulen Frieden zuliebe Konflikte zu verdrängen und darüber hinweg zu schweigen, sparsam mit Kritik - vor allem Autoritäten gegenüber - umzugehen. Dies hat mich geprägt: mein Harmoniebedürfnis ist gross und mit Konflikten tue ich mich noch heute schwer. Obwohl ich seit Jahren durch die Begegnung mit der biblischen Botschaft erfahren habe, wie einseitig mir das Motiv der Versöhnung weitergegeben wurde. Es steht nämlich nie alleine für sich da, sondern wird in Verbindung mit dem Einsatz für Gerechtigkeit gebracht. Auch Jesus lebte eine Spiritualität der Konfliktfähigkeit. Es ist eine Spannung, die er uns in seiner Bergpredigt zumutet: grösste Konfliktbereitschaft, um Unrecht zu entlarven, damit echte Versöhnung eine Chance hat. Denn der „Versöhnungsprozess in Form eines überstürzten Friedens sucht zu verhindern, den Ursachen des Leidens auf den Grund zu gehen. Ohne Offenlegung dieser Ursachen setzt sich das Leiden immer fort."[35] Bei

---

35 Robert J. Schreiter: Wider die schweigende Anpassung. Versöhnungsarbeit als Auftrag und Dienst der Kirche im gesellschaftlichen Umbruch, Luzern (Edition Exodus) 1993, 38-39.

dir spüre ich diese Spannung auch. Einerseits stehst du schwere, innerliche Kämpfe aus, wirst sogar zuerst krank und handlungsunfähig - wie gut ich das kenne! -, um dann zu gegebener Zeit, dich energisch für deine und die Rechte der andern zu exponieren. So wagst du dich in den Kapitelsaal der Benediktiner und schreist ihnen zu: „Ihr seid die schlimmsten Räuber!"[36] und du gibst nicht nach, bis ihr selber über euer frischgebautes Kloster verfügen könnt. Deine kämpferische Stimme ist sogar in aller Öffentlichkeit zu hören. Zum Erstaunen aller wagst du dich als Frau sogar auf die Marktplätze von Mainz, Würzburg, Trier, Köln und bringst in engagierten Predigten deine Zeitkritik vor. Du mischt dich in den Investiturstreit zwischen Papst und Kaisertum ein und wirst zur prophetischen Mahnerin. Deine mystischen Schöpfungserfahrungen führen dich nicht in eine elitäre Weltflucht hinein, sondern bewegen dich als sechzigjährige Äbtissin - wo du deine Ruhe schon längst verdient hättest! - zu umständlichen Reisen zu Pferd, mit dem Schiff und zu Fuss. Du wehrst dich energisch gegen die Katharer, die Reinen. Ihr Aufruf zu rigoroser Enthaltsamkeit und eine Welt ohne Sexualität trifft dich in die Mitte deiner bejahenden Schöpfungsspiritualität. Ihre fundamentale Weltverachtung und radikale Askese, die viele Leute, vor allem Frauen lockte, bringen dich dazu, im Klartext zu predigen: „Denn der Teufel ist bei diesen Leuten … So werden sie sich nach aussen, vor den Menschen, in aller Heiligkeit darstellen und spöttisch sagen: ‚Die andern, die vor uns die Keuschheit besitzen wollten, dörrten wie gebratener Fisch. Uns aber wagt keine Besudelung des Fleisches und der Begierlichkeit anzutasten, denn wir sind heilig und vom Heiligen Geist durchströmt.' … Auf diese Weise angeln sie sich die Weiber und fangen sie in ihren eigenen Irrtum ein. Im Hochmut ihres aufgeblähten Geistes behaupten sie: ‚Wir

---

36 Christian Feldmann: a.a.O. 63.

übertreffen alle.' Und hinterher treiben sie doch insgeheim mit jenen Weibern Wollust."[37] Mich beeindruckt, dass du nicht nur vordergründig diese Sekte angreifst, sondern nach den Wurzeln des Zulaufes der vielen Menschen suchst. Da wirst du noch unbequemer, und greifst die unglaubwürdigen Kleriker öffentlich an und schiebst ihnen die Schuld zu: „Die Magister und Prälaten haben die Gerechtigkeit Gottes verlassen und schlafen ... Und wegen eures ekelhaften Reichtums und Geizes sowie anderer Eitelkeiten unterweist ihr eure Untergebenen nicht."[38] Mit deinen Worten hältst du uns allen, die wir uns mit einer verbürgerlichten Religion arrangiert haben, den Spiegel hin. Zugleich zeugt dein grosser Briefwechsel mit vielen Ordensleuten und andern suchenden Menschen von deinem Wohlwollen und deiner einfühlsam-fordernden Begleitung von Menschen.

Ich weiss, du bist keine Revolutionärin und verteidigst die Kirche und ihre Hierarchie und kannst - aus mir unverständlichen Gründen - von der schwachen Frau sprechen, die zum Manne aufblickt, um sich von ihm versorgen zu lassen. Denn es sind Worte, die vielen deiner selbstbewussten Taten widersprechen. Ich sehe in deinem Kampf, den Aufruf und die Ermutigung, vermehrt für eine menschenfreundlichere Kirche aufzutreten und ungerechte Machtballung zu entlarven. Du erinnerst mich mit einer Selbstverständlichkeit, dass es ohne Konflikte keine Parteinahme für eine schöpferische Lebensqualität geben wird. Weil du darum weisst, wehrst du dich gegen eine übertriebene Askese und feierst immer wieder das Leben, legst im Kloster Wert auf eine herzliche Atmosphäre, lässt an Festtagen die Schwestern weisse Seidenschleier, goldene Ringe und golddurchwirkte Kränze auf den offenen Haaren tragen. Deine Schöpfungsverbundenheit lässt dich den Menschen gegenüber

37 Ebd. 141-142.
38 Ebd. 204.

jene Grosszügigkeit zeigen, die durch den Schöpfer selber jeden Tag neu erfahrbar wird. Dieses Vertrauen führt dich zu einer entschiedenen Gelassenheit, die du mir weitergibst, wenn du meine allzu hohen Ansprüche relativierst: „Denke aber daran, dass du ein irdischer Mensch bist, und fürchte dich nicht so sehr, denn Gott sucht nicht immerzu Himmlisches in dir."[39] Auch dafür bin ich dir dankbar und ich bleibe dir herzlichst verbunden

pierre

---

39 Ebd. 88.18 Buch der Lebensverdienste (Liber Vitae Meritorum), zit. nach Matthew Fox: Die Vision vom kosmischen Christus

Krise als Weg zur Gottesgeburt

Johannes Tauler (1300-1361)

Johannes Tauler kommt um 1300 in einer wohlhabenden und angesehenen Strassburger Familie zur Welt. Über sein Leben gibt es nur spärliche historische Angaben. Zwischen seinen 13. und 15. Jahren tritt er in den Dominikanerorden in Strassburg ein, danach studiert er vermutlich in Köln. Von 1329-1353 steht Strassburg unter dem päpstlichen Interdikt wegen der Exkommunikation von Kaiser Ludwig dem Bayern durch Papst Johannes XXII und die Dominikaner ziehen nach Basel. Soviel man weiss, hat Johannes Tauler keine Ämter innerhalb des Ordens. Er wirkt vor allem als Prediger, 1342/43 in Basel, danach ist er unterwegs zwischen Basel, Köln und Strassburg. Ab 1347 bleibt er definitiv in Strassburg und arbeitet bis 1361 als Seelsorger der Dominikanerinnen, der Beginen und Drittordensschwestern. Seine beachtenswerten Predigten werden durch die Dominikanerinnen von St. Nikolaus in Undis (Strassburg) schriftlich fixiert. Zwei Ereignisse prägen sein Leben. Sehr wahrscheinlich hörte und sah er Meister Eckhart in Strassburg und in Köln, wie auch Heinrich Seuse. Sicher konnte er seine Schriften und Predigten nachlesen. Meister Eckharts Lehre von der Gottesgeburt im Menschen macht er für die Seelsorge fruchtbar, indem er sich bemüht die Extreme Eckharts, der ja verurteilt wurde, zu vermeiden. Das zweite Ereignis führt ihn zu seiner eigentlichen Umkehr. Mit 40 Jahren gerät er in eine grosse Krise, weil Gottesfreunde, eine nicht organisierte Vereinigung von Laien und Priestern im Elsass, ihm vorwerfen, er lebe nicht nach der Wahrheit. Diese fundamentale Infragestellung seines Lebens lässt ihn über längere Zeit verstummen und führt ihn zu mystischen Erlebnissen, die er danach in seinen Predigten entfaltet: Die Krise ist eine Chance, damit Gott in mir neu geboren wird. Sie ist eine Herausforderung, um

Selbsterkenntnis, Gelassenheit und Abstieg in den eigenen Abgrund einzuüben und zu leben. Durch diese mystische Lebenserfahrung wird er zum einfühlsamen Begleiter und Seelsorger. Er stirbt am 16. Juni 1361, wie dies auf der Grabplatte in der evangelischen „Neuen Kirche" in Strassburg zu lesen ist.

Lieber Johannes Tauler

Ein Freund hat mich auf dich aufmerksam gemacht. Ich bin in eine Krise geraten und bin verunsichert, wie ich mein Leben weiterhin gestalten soll. Ich habe ein rechtes Stück Boden unter den Füssen verloren. Was mich bis jetzt getragen hat, trägt nicht mehr und Neuland ist noch wenig in Sicht. Lange kämpfte ich wie wild, um dieser Spannung auszuweichen. Erschreckend war für mich die Entdeckung, dass unser hochstilisiertes Leistungsprinzip meine Gottesbeziehung viel mehr geprägt hat, als ich wahrhaben wollte. „Wer glaubt und vertraut, kommt nicht in eine fundamentale Krise", war einer jener erdrückenden Gedanken. In dieser schwierigen Situation hat mir ein Freund erzählt, dass du die Krise als Chance siehst, um zu mehr Selbsterkenntnis zu gelangen und um im tiefsten, eigenen Abgrund zu erahnen, wie in dieser Leere Gott neu geboren wird. So bin ich auf die Suche gegangen nach deinen Predigten und wollte wissen, wie du in eine Krise geraten bist. Ich staunte sehr, als ich erfuhr, wie auch bei dir ein Stück Welt zusammengebrochen ist. Du warst ein berühmter und erfolgreicher Prediger. Eines Tages sass jemand, der zur Bewegung der Gottesfreunde[1] gehörte, unter der Kanzel. Er hatte sich schon einige deiner Predigten angehört. In einem Gespräch unter vier Augen warf er dir vor, ein „Pharisäus" zu sein, der nicht nach der Wahrheit lebe. Du hast dich sofort dagegen gewehrt, doch dieser Angriff hat dir schwer zugesetzt und dich in eine Krise in der Lebensmitte geführt. Diese Erfahrung liess dich verstummen und du konntest nicht mehr predigen. Obwohl ich mich nicht mit dir vergleichen will, so hat mich natürlich deine Geschichte an einen der Auslöser meiner Krise erinnert. Nach langjährigem Engagement in der Jugendarbeit wurde ich von

---

1 Vgl. Walter Nigg: Das mystische Dreigestirn. Meister Eckhart, Heinrich Seuse, Johannes Tauler, Zürich (detebe 21933) 1990, 100-103.

konservativen Kreisen angegriffen und sie schrieben öffentlich in der Zeitung, dass ich nicht mehr im Geiste des II. Vatikanischen Konzils arbeite. Auch ich wehrte mich sofort und meinte über diesem Angriff zu stehen. Er hat sich dann noch zugespitzt, als ich durch den Nuntius einen sechsseitigen Brief der Kongregation für die Glaubenslehre erhielt, die mir „die doktrinalen Vorbehalte" gegenüber zwei meiner Bücher mitteilte. Nebst vielen ungelösten persönlichen Fragen, die aufgebrochen sind, hat mich dies sehr getroffen. Zugleich spürte ich in mir den Anspruch, gelassen mit solchen notwendigen Konflikten umzugehen. Doch es gelang mir selten. Dieses Ereignis hat mich auf mich selber geworfen und in mir eine Fülle von Zweifeln und Verunsicherungen ausgelöst. Während dieser Zeit entdeckte ich bei dir, die Thematisierung der Krise in der Lebensmitte[2]. Wenn ich unter diesem Gesichtspunkt deine Predigten lese, meine ich manchmal, du hättest sie nur für mich geschrieben. Allein schon diese Erfahrung zeigt mir, was für ein einfühlsamer Seelsorger du warst[3]. Seither spüre ich eine besondere Verbundenheit zu dir und es ist mir ein Bedürfnis, dir mitzuteilen, wie mich deine Spiritualität bestärkt und herausfordert.

* * *

Für mich ist eine Wohltat, in deiner Predigt zu Lukas 5,1-11 zu lesen, dass die Krise die Möglichkeit in sich birgt, sich selber und Gott neu zu erfahren. Im Evangelium ist von den Jüngern die Rede, die die ganze Nacht erfolglos gefischt hatten und im

---

2 Vgl. I. Weilner: Johannes Taulers Bekehrungsweg. Die Erfahrungsgrundlagen seiner Mystik (=Studien zur Geschichte der katholischen Moraltheologie, Band 10) Regensburg 1961. Zusammengefasst in: Anselm Grün: Lebensmitte als geistliche Aufgabe, Münsterschwarzach (Münsterschwarzacher Kleinschriften 13) 1980.
3 Die Dominikanerin Christine Ebner nennt Johannes Tauler „Gottes liebster Mensch auf Erden". Vgl. Walter Nigg: Das mystische Dreigestirn, a.a.O. 91.

Vertrauen auf Jesus es nochmals versuchten. In deiner Auslegung finde ich vieles, was ich erlebe. Du schilderst, wie einem verunsicherten Menschen vieles entfällt, was ihm bis jetzt wichtig war: „Das alles dünkt ihn nun grob und wird von da ausgetrieben, so dass es ihm nicht mehr zusagt und er nicht dabeibleiben kann, und das will er (auch) nicht; was ihn aber anzieht, das besitzt er nicht; und so befindet er sich zwischen zwei einander widerstreitenden Richtungen und ist in grossem Weh und grosser Drangsal."[4] Genau das erfahre ich. Während gut zwanzig Jahren war ich sehr engagiert. Ein Engagement, das mich erfüllt hat und mir vieles ermöglicht hat. Zugleich kam ich mit meinen Bedürfnissen immer ein wenig zu kurz. Um ehrlich zu sein, ich flüchtete auch oft in meine Arbeit. Ich hatte wenig Zeit für mich und versuchte verständnisvoll zu fragen, was wohl für die andern gut sei. Vom Liebesappell Jesu „Liebe deinen Nächsten wie dich selbst!" hörte ich vor allem den ersten Teil. In den letzten Jahren gingen mir die Kräfte aus, was ich lange nicht wahrhaben wollte. Meine Ideale brachen zusammen. Kurzum: „Was bin ich, wenn ich keine Leistung mehr erbringe?" war und ist meine neue brennende Lebens- und Glaubensfrage. Du begegnest dieser Frage mit einer schwierigen Zumutung:

„Bleibe allein mit dir selber, lauf nicht fort, ertrag dein Leiden bis zum Ende, und suche nichts anderes! So laufen etliche Menschen, die in dieser inneren Armut stehen, weg, und suchen immer nach etwas anderem, womit sie der Drangsal entgehen können. Das ist gar schädlich. Oder sie beklagen sich und fragen die Lehrmeister und werden (dadurch) nur noch mehr verwirrt. Halte dich in dieser Not frei von Zweifel: nach dem Dunkel kommt der helle Tag, der (lichte) Sonnenschein."[5]

4 Johannes Tauler: Predigten. Vollständige Ausgabe übertragen und hers. von Georg Hofmann, Freiburg i.Br. (Herder) 1961, 309.
5 Ebd. 310.

41

Oft habe ich diese Zeilen in den letzten Monaten gelesen und sie haben mir je nach Stimmung ganz verschiedene Gefühle ausgelöst: Zustimmung, Ermunterung, Wut, Ohnmacht, Überforderung, Vertrauen. Allein mit mir selber bleiben!? Du sagst das so leicht, eine Zumutung! Dabei ist es etwas vom Schwierigsten und es erinnert mich an einen Gedanken von Blaise Pascal: „Das Unglück des Menschen beginnt damit, das er unfähig ist, mit sich allein in einem Zimmer zu sein."

Am Anfang meiner Sabbathzeit habe ich es fast nicht ausgehalten in der Stille. Am Schlimmsten war es dann in Jerusalem, wo ich keine Post und keine Telefonate mehr erhielt und mich scheinbar niemand mehr brauchte. Ich versuchte, vor mir selber nicht mehr fortzulaufen und mich mir und meiner Geschichte, auch den dunklen Seiten, zuzuwenden. Du gibst zum Glück selber auch zu, dass es sehr anspruchsvoll sein kann: „Ihr wendet euch äusseren Dingen zu, und des leidigen Lärmes ist dann viel. Wir sind unstete Wesen, ich und ihr, ihr und ich, beweglich und unbeständig."[6] Der Weg, den du vorschlägst, geht von aussen nach innen, auch in die eigenen Abgründe. Du nennst das Läuterung und Selbstverleugnung. Worte, mit denen ich mich sehr schwer tue. Bis heute werden sie missbraucht, um brave, angepasste Menschen aus uns zu machen. Ich weiss, dass du dich dagegen wehrst. Denn du traust dem Menschen Selbsterkenntnis zu, die sich jedoch nur entfalten kann, wenn wir in der Stille und in der Auseinandersetzung mit andern, den tieferen Gründen unseres Verhaltens nachgehen. Dazu braucht es auch eine gute Begleitung und Freundinnen und Freunde, die an mich glauben, wenn ich wenig Kraft dazu habe. Menschen, die dem Leid nicht ausweichen, die Ohnmacht aushalten und dadurch helfen, hindurch zu gehen. Zu diesem schmerzhaften Prozess ermutigst du aus eigener Erfahrung mit der Verheissung, dass da Gott selber am Werk ist:

6 Ebd. 242.

„Hüte dich, wie wenn es um dein Leben ginge, davor, dass du auf nichts anderes verfällst, sondern harre aus! Wahrlich, wenn du dabeibleibst, so ist die Geburt (Gottes in dir) nahe und wird in dir vor sich gehen. Und glaubet mir auf mein Wort, dass keine Drangsal im Menschen entsteht, es sei denn Gott wolle eine neue Geburt in ihm herbeiführen."[7]

Ich versuche diesen Worten zu trauen. Manchmal gelingt es mir und sie sind mir ein gewichtiger Halt. Manchmal fliehe ich vor diesem Weg, weil die Angst vor dem Sprung in den Brunnen zu gross ist. Meistens kann ich erst im Nachhinein erahnen, dass sich in mir etwas gelöst hat und dadurch Neues entstand. Erst jetzt beim Schreiben dieser Zeilen spüre ich zum Beispiel neue Kraft, die ich dank der Zeit der Stille in Israel schöpfen konnte. Ich bin dankbar dafür, obwohl noch so vieles brüchig in mir ist und ich deinen klaren Appell zur Unterscheidung der Geister auch weiterhin ernstnehmen möchte: „Und nun prüfe dich: wenn dir ein Geschöpf diese Drangsal abnimmt, es sei wer immer, ist es mit der Gottesgeburt in dir vorbei."[8] Du verstärkst damit die Stimme derer, die die Mitarbeiterinnen und Mitarbeiter im kirchlichen Dienst - trotz oder gerade wegen den zunehmenden Forderungen - zu einer „Pastoral der Leere"[9] ermutigen: „Ich möchte die Priester ermutigen, sich nicht grenzenlos immer neue Aufgaben aufladen zu lassen, sondern ab einer gewissen Grenze, die jeder selbst zu bestimmen hat, Widerstand zu leisten und nein zu sagen. Mit Herzinfarkten und Verkehrsunfällen ist dem Gottesvolk wenig geholfen. Jede spirituelle Überhöhung ist eine Unverschämtheit.

7 Ebd. 310.
8 Ebd. 310.
9 Ottmar Fuchs: Dableiben oder Weggehen? Christen im Konflikt mit der Kirche, München (Kösel) 1989, 127: Die schwierige Situation in der Kirche, zum Beispiel die Ämterfrage, fordert jene, die bleiben, auf, nicht noch mehr zu tun, sondern sich viel Zeit „zur Leere", zum Auftanken zu nehmen.

Die christliche Kreuzesmystik darf nicht derart verkleinert werden, dass sie für das Aushalten hausgemachter Notstände herhalten muss."[10] Auch dir geht es nicht darum, Leiden zu suchen, sondern ihm nicht auszuweichen und darin eine Chance zur Veränderung zu sehen. Denn all jene, die zu schnell sagen „es ist nicht so schlimm - wenn jede und jeder sich soviel Zeit für sich nehmen würde - frag nicht zuviel ...", verhindern den inneren Heilungsprozess. Im Moment bin ich genau auf dieser Gratwanderung, und ich versuche zu überprüfen, welchen Stimmen ich Gehör verleihe. Dabei merke ich, dass es nicht genügt zu wissen, was mich geprägt hat, mehr auf die leistungsbezogene Seite in mir zu achten. „Denn damit, dass man die Wahrheit erkennt, besitzt man sie noch nicht."[11] Es genügt nicht zu wissen, sondern es ist not-wendig, ganzheitlich einen inneren Prozess wachsen zu lassen, indem ich auch gefühlsmässig den Weg in die Tiefe wage. Dies braucht viel Wohlwollen mir selber gegenüber. Dieses fehlt mir oft, weil ich ein Draufgänger bin und Probleme anpacken und schnell lösen will. Du stellst einen anderen Wert in den Vordergrund: Die Grundhaltung, mit Gelassenheit Vertrauen in den eigenen Prozess zu gewinnen. Welch eine Herausforderung für mich!

* * *

10 Ottmar Fuchs: Ämter für eine Kirche der Zukunft. Ein Diskussionsanstoss, Luzern (Edition Exodus) 1993, 142.
11 Johannes Tauler: Predigten, a.a.O. 442.

Ja, „Gelassenheit, Demut, Leersein, Sanftmut, Hingabe" sind Worte, die du oft verwendest in deinen Predigten. Sie lösen bei mir zwiespältige Gefühle und Gedanken aus. Wenn jemand diese Worte gebraucht, schafft es bei mir zuallererst Misstrauen. Sie sind vorbelastet, weil sie missbraucht worden sind, um uns Menschen klein zu halten, um aus uns Kopien und nicht Originale werden zu lassen. Deine Wegerfahrungen zur eigenen Mitte erweisen sich mir einerseits als schwierig, weil du in einer ganz andern Zeit gelebt hast und ich viele deiner theologischen Ausführungen nicht mehr mitvollziehen kann. Zugleich finde ich bei dir Worte, die mich aufhorchen lassen. Sie künden Postulate an, um die wir bis heute kämpfen. Du predigst meistens Ordensschwestern und du ermutigst sie zum ureigenen Weg: „Es genügt, dass sie die heilige Regel beobachten wollen, soweit sie das vermögen, und dass sie die Absicht haben, das zu tun; vermögen sie es aber nicht, dass sie sich davon befreien lassen."[12] Deine Worte werden zur Provokation, zur Aufforderung in Kirche und Staat, den Menschen ins Zentrum zu stellen. Der mündige Mensch, der seinem Gewissen folgt und sich gegebenenfalls auch gegen Gesetze und Regeln stellt. Ganz im Sinne der Praxis Jesu, die den Menschen über den Sabbath stellt. Beim Meditieren deiner Worte spüre ich eine grosse Sehnsucht in mir: Mein Weg durch die Krise wird in mir neue Kräfte wecken, damit ich mich ein wenig von Fremdbestimmung befreien kann und meine Stimme noch klarer und ehrlicher gegen die Unterdrückung, Diskriminierung und Ausbeutung von Menschen erheben kann. Als erfahrener Menschenkenner weisst du aber auch, dass deine Worte missverstanden werden können. Um sich selber zu kreisen und sich im Selbstmitleid zu verlieren, gehört wohl auch zu diesem Selbstwerdungsweg, das Ziel ist es nicht: „Denn in die-

12 Ebd. 448.

45

ser kranken Zeit will keiner sich selbst wehe tun; und die Menschen sind in sich selbst verliebt."[13] Mit deiner Bestärkung ganzheitliches Loslassen einzuüben, wird es ein Weg, der in die Tiefe führt und echte Begegnungen ermöglichen wird.

* * *

Aus eigener Erfahrung weisst du, dass nur der Mensch vermehrt zu sich selber kommen kann, der bereit ist, sich anzuvertrauen und loszulassen, damit Erstarrtes aufbrechen kann. Viele Mechanismen, Gewohnheiten und Ängste können uns Menschen den Kontakt mit uns selber verhindern:

„Woher, glaubt ihr wohl, kommt das, dass der Mensch auf keine Weise in seinen Grund gelangen könne? Das kommt daher, dass so manche, dicke, schreckliche Haut darüber gezogen ist, ganz so dick wie eine Ochsenstirn: die haben ihm seine Innerlichkeit verdeckt, dass weder Gott noch er selber da hineingelangen kann: der Eingang ist verwachsen. Wisset, manche Menschen können dreissig oder vierzig solcher Häute haben, dick, grob, schwarz, wie Bärenhäute."[14]

Lange Zeit brauchte ich, um mir selber einzugestehen, dass auch ich damit gemeint bin. Ich habe gelernt, viele Gefühle zurückzuhalten, weil ich meinte, ich müsste immer stark sein. Auch nahm ich mir zu wenig Zeit, um die vielen intensiven freudigen und schmerzvollen Erlebnisse zu vertiefen. Einige „Betonschichten" haben sich in mir gebildet, ich erlaubte mir nicht, zu weinen und als ich es tun wollte, war ich blockiert. Je mehr ich es wollte, um so weniger gelang es mir. Eine schmerzvolle Erfahrung, die in mir meine Ideale massiv in Frage stellte. Ich

13 Ebd. 402
14 Ebd. 388.

46

war wirklich der festen Überzeugung, dass es sehr gut sei, wenn ich immer Zeit für andere hätte und Menschen mir rund um die Uhr anrufen konnten. Ehrlich gesagt, es tut mir sehr gut, wenn andere mir ihr Vertrauen schenken. Zu wenig fragte ich mich, wo ich mich Menschen anvertraue und wo ich Orte zum Auftanken finde, um all das zu verarbeiten, was mich bewegt und beschäftigt. In unserer Ausbildungsgruppe im Sozialtherapeuthischen Rollenspiel war es für mich dann sehr befreiend mit andern Männern zu entdecken, dass diese „Allmachtshaltung" viel mit unserem Mannsein zu tun hat. Und als Priester wird diese Rolle des unermüdlichen Einzelkämpfers zusätzlich verstärkt! Heute suche ich nach Verbündeten, die mir helfen, eine neue Identität als Mann zu finden. Auch du hilfst mir, das Bild und die Rolle des Mannes zu verändern.[15] Als sensibler und kämpferischer Mensch zeigst du die Richtung auf. Du weinst in aller Öffentlichkeit[16] und machst Mut, die Angst zu überwinden, sich in den eigenen Abgrund zu wagen, weil Gott selber in jenem Mann von Nazareth diesen Weg wagte.[17] Du bist fest überzeugt, dass sich der Mensch zum Guten verändern kann, wenn er bereit ist, sich auf seinen eigenen Grund einzulassen und zu verlassen.

* * *

15 Ich hoffe, dass die Mystiker in der Männerbewegung noch mehr entdeckt werden. Folgende Bücher helfen mir nebst der Auseinandersetzung mit Männern zu einem neuen Bewusstsein: Richard Rohr: Der wilde Mann. Geistliche Reden zur Männerbefreiung, München (Claudius) 5. Aufl. 1987. Robert Bly: Eisenhans. Ein Buch über Männer, München (Kindler) 1990: Umstritten. Sam Keen: Feuer im Bauch. Über das Mann-Sein, Hamburg (Kabel) 1992: Empfehlenswert. Robert Moore, Douglas Gillette: König, Krieger, Magier, Liebhaber. Die Stärken des Mannes, München (Kösel) 1992. MannsBilder. Von Männern, Gesammelt von Lutz-W. Wolff, München (dtv 11721) 1993. Jorgos Canacakis: Ich sehe deine Tränen. Trauern, Klagen, Leben können, Stuttgart (Kreuz) 1987.
16 Walter Nigg: Das mystische Dreigestirn, a.a.O. 101.
17 Vgl. „Der Abgrund im Abgrund": göttliche Kenosis (Phil 2,6ff), in: Johannes Tauler: hrsg., eingeleitet und übers. von Louise Gnädinger, Olten (Walter „Zeugnisse mystischer Welterfahrung") 1983, 48-53.

Ich hoffe, dass ich dich richtig verstehe, wenn so gesehen die Gelassenheit nicht ein frommer, schwärmerischer Wunsch ist, sondern eine Lebenshaltung des Loslassens, die sich in der ganzen mystischen Tradition finden lässt. Auch du nennst drei Phasen, die zu diesem Prozess gehören:

1. Die Welt, das Haben lassen: nicht die Schöpfung verneinen, sondern sich freuen an all dem Schönen, ohne davon abhängig zu sein.

2. Mich selber lassen: Hineinwachsen in das Urvertrauen, mich verändern zu können, wenn ich bereit bin loszulassen: meine festgefahrenen Vorstellungen, meine Vorurteile, meine Bilder von andern. All-tägliches Sterben einüben, damit mir neues Leben geschenkt ist.

3. Gott sein lassen: Vorstellungen und Bilder von Gott loslassen, Schweigen in der Stille, Gott neu erfahren als den nahen Unbegreiflichen.[18]

Diese Kunst des Loslassens fällt mir schwer und es wird meine Lebensaufgabe sein, gelassener zu werden. Ich will es versuchen im Bewusstsein, dass es auf zweifache Weise geschieht: „durch ein Gottsuchen und durch ein Gotterleiden ... Die innere Gottsuche geschieht im Grunde der Seele. Voraussetzung dafür ist eine wesentliche Umkehr ... Diese ist mehr das Werk Gottes als das Werk des Menschen. Darum muss der Mensch lernen, Gott zu erleiden."[19]

---

18 Vgl. Dorothee Sölle: Die Hinreise. Zur religiösen Erfahrung - Texte und Überlegungen, Stuttgart (Kreuz) 1975, 103-118.
19 Vgl. Josef Zapf: Die Geburt Gottes im Menschen nach Johannes Tauler, in: Wolfgang Böhme (Hrsg.): Zur dir hin. Mystische Lebenserfahrung von Meister Eckhart bis Paul Celan, Frankfurt a.M. (Suhrkamp Tb 1765) 1990, 78-90, hier 85.

Erst jetzt entdecke ich, warum mich deine Ermutigung zur Gelassenheit so aufwühlt und anspricht zugleich. Es geht um ganz neue Grundhaltungen in meinem Leben, meiner Arbeit, meinen Beziehungen. Es geht um meine tiefste Sehnsucht: mich anzunehmen mit alldem, was ich bis jetzt bin und mit all dem Schwierigen, das mir widerfahren ist im Leben. Denn dieser Abstieg in den tiefen Abgrund, wo ich mir selber entgleite, birgt in sich eine grosse Hoffnung, von der auch Pierre Teilhard de Chardin spricht: „Und als ich meine Forschung einstellen musste, weil der Weg unter meinen Schritten fehlte, lag zu meinen Füssen ein bodenloser Abgrund, aus dem, ich weiss nicht woher kommend, der Strom heraufkam, den ich wirklich mein Leben zu nennen wage."[20] Diesen Strom will ich neu entdecken und Abschied nehmen von der Illusion, dass nur die guten Gefühle wie Freude, Glück, Frieden mich dahin führen werden. Nur wer sich dem Paradox des Lebens stellt, ist für dich ein echter und kein oberflächlich-schwärmerischer Mensch. Du rufst auf, „den Frieden im Unfrieden" zu suchen, „Freude in der Trauer, Gelassenheit in Unbeständigkeit und Trost in Bitterkeit."[21] Ein entscheidender Gedanke, den ich auch beim Trappisten Thomas Merton finde: „Der Kern des menschlichen Daseins birgt ein Paradoxon in sich. Erst wenn der Mensch dies begreift, wird seine Seele dauerndes Glück finden."[22] Glück, das wir nicht haben können, sondern uns unerwartet geschenkt wird.

* * *

20 Pierre Teilhard de Chardin: Das göttliche Milieu. Ein Entwurf des Innern Lebens, Zweiter Band der Werke von Teilhard de Chardin, Olten (Walter) 8. Aufl. 1979, 72.
21 Johannes Tauler: Predigten, a.a.O. 145.
22 Thomas Merton: Der Berg der sieben Stufen. Die Autobiographie eines engagierten Christen, Zürich (Benzinger) 8. Auflage 1990, 177.

Die Lehre und Hoffnung der Geburt Gottes in der Seele übernimmst du von Meister Eckhart. Die Begegnung mit ihm war nebst deiner Krise das erste Ereignis, das dich nachhaltig geprägt hat. Obwohl ihr beide Lebe- und nicht Lesemeister seid, hast du die Auffassungskraft der Zuhörer mehr in dein „spirituelles Kalkül"[23] aufgenommen, denn du bist nicht der radikale Denker wie er, sondern mehr der „Seelenführer"[24]. Du bist sehr beeindruckt und sagst treffend von ihm: „Er sprach aus der Ewigkeit, und ihr versteht es nach der Zeit."[25] Eine eindrückliche Erkenntnis, die du durch die Begegnung mit den Predigten von Meister Eckhart machen konntest. Er spricht in seiner Weihnachtspredigt von der Gottesgeburt, die wie alles Wesentliche im Leben ein Geschenk ist: „Gott gebiert seinen eingeborenen Sohn in dir, es sei dir lieb oder leid, ob du schläfst oder wachst, er tut das Seine."[26] Dieses tiefe Geheimnis unserer Existenz verwandelt den Menschen ins Göttliche: „Ich ward einst gefragt, was der Vater im Himmel täte. Da sagte ich: Er gebiert seinen Sohn, und dieses Tun ist ihm so lustvoll und gefällt ihm so wohl, dass er nie etwas anderes tut als seinen Sohn zu gebären, und beide blühen den Heiligen Geist aus. Wo der Vater seinen Sohn in mir gebiert, da bin ich derselbe Sohn und nicht ein anderer; wir sind wohl verschieden im Menschsein, dort aber bin ich derselbe Sohn und nicht ein anderer."[27] Eine Geburt, die sich ereignen kann, dank dem Seelenfünklein, dem göttlichen Kern, der in jedem Menschen anwesend ist und der unzerstörbar ist: „Das Fünklein der Seele, das da geschaf-

---

23 Kurt Ruh: Meister Eckhart. Theologe - Prediger - Mystiker, München (C.H.Beck) 2. überarbeitete Auflage 1989, 191.

24 Meister Eckhart: hrsg., eingeleitet und z.T. übersetzt von Dietmar Mieth, Olten (Walter „Zeugnisse mystischer Welterfahrung") 1983, 25.

25 Kurt Ruh: Meister Eckhart, a.a.O. 11.

26 Meister Eckhart: Deutsche Predigten und Traktate, hrsg. und übersetzt von Josef Quint, Zürich (detebe 20642) 1979, 260.

27 Ebd. 172.

fen ist von Gott und ein Licht ist, ist von oben her eingedrückt und ist ein Bild göttlicher Natur, das allwegs allem widerstreitet, das nicht göttlich ist. Selbst noch in der Hölle ist es geneigt zum Guten."[28]

Selbsterkenntnis und Gelassenheit fördern die Geburt Gottes im Menschen. In deiner Weihnachtspredigt fügst du das Schweigen hinzu: „Schweige! So kann das Wort dieser Geburt in dich gesprochen und es in dir vernommen werden ... Räumst du ihm deine Seele gänzlich ein, so erfüllt es dich ohne Zweifel ganz und gar: ebensoviel wie du ihm einräumst, so viel strömt seines Wesens in dich ein, nicht mehr und nicht weniger."[29] Diese Gratwanderung in die eigene Tiefe, führt zu einer Umkehr im Leben, die für jeden Menschen anders aussieht. Nebst der je persönlichen Erfahrung gibt es Gemeinsamkeiten, die du nennst und erweiterst. In deinen Predigten begegnen wir dem bekannten, dreistufigen Weg:

1. Reinigungsweg: via purgativa
2. Einsichts-/Erleuchtungsweg: via illumativa
3. Weg der Vereinigung: via unitiva.

Diesen Weg ergänzt du auf dem Hintergrund deiner persönlichen Geschichte mit folgenden Phasen des Weges:

1. Freude über die Gotteserfahrung (iubilatio)
2. Bedrängnis und Verunsicherung (getrenge)
3. Hineingenommen-Werden in das Leben Gottes (ubervart)[30].

28 Ebd. 243.
29 Johannes Tauler: Predigten, a.a.O. 17.
30 Johannes Tauler: nach Gnädinger, a.a.O. 36-39.

Die letztgenannten Wegstrecken kann ich aufgrund meiner Geschichte besser mitvollziehen und ich bringe sie in Verbindung mit deiner Krise, die nach dir eine Chance ist, Gott ganz neu zu erfahren. Dir ist eine dynamische Gottesbeziehung wichtig, und du sprichst von der Gefahr, „dass du einen erdachten und einen gemachten Gott hast, in deiner Weise, der aber gar nicht seinem Wesen entspricht"[31]. Wie ein roter Faden zieht sich durch viele deiner Predigten, die Aufforderung, Bilder und Vorstellungen von Gott loszulassen: „Denn Gott ist nichts von alldem, was du von ihm aussagen kannst: er ist jenseits aller menschlichen Vorstellung von Form, Wesen oder Gut. Er ist nichts von dem, was du von ihm erkennen oder aussagen kannst; er ist über alldem, was ein menschliches Verständnis begreifen kann, nicht hoch noch tief, weder so noch so, sondern weit über jeden menschlichen festumrissenen Begriff."[32] Diese Überzeugung führt dich auch in vielen Predigten, die du den Ordensschwestern hältst, zu einer Kritik an einer selbstgerechten, äusseren Frömmigkeit. Mystik ist also niemals eine innere Erfahrung, die die bestehenden Verhältnisse bestätigt. Ganz im Gegenteil, es ist ein Ergriffensein, das alles Unechte aufdecken will und zu einem verantwortungsbewussten, persönlichen Glaubensweg führt, der gemeinsam gewagt werden kann.

* * *

Deine mystischen Glaubenserfahrungen drängen dich zur Reform der Kirche. Du scheust dich nicht, die brennenden Fragen auszusprechen und hältst deinen Zuhörerinnen und Zuhörern einen klaren Spiegel hin, wenn sie meinen, sie hätten die Botschaft im Griff „dadurch, dass sie grosse äussere Werke ver-

31 Johannes Tauler: Predigten, a.a.O. 555.
32 Ebd. 419.

richten, wie Fasten und Wachen: sie beten viel, aber auf ihren Grund achten sie nicht."[33] Überheblichkeit ist dir zutiefst zuwider und du wagst auch jene anzugreifen, die hohes Ansehen haben: „Die andern, das sind solche geistliche Leute, die in grossem Ansehen stehen und einen gar grossen Namen besitzen und weit über diese äussere Finsternis, so dünket sie, hinausgekommen sind; in ihrem Grund aber sind sie ... voll Eigenliebe und Eigenwillen und so recht ihres Strebens eigener Gegenstand."[34] Du kritisierst den Klerikalismus und bringst die Ämterfrage ins Gespräch, wenn nach dir „in geistiger Weise also eine Frau dieses Opfer ebenso darbringen kann wie ein Mann."[35] Du förderst eine glaubwürdige Spiritualität, die uns Menschen zur eigenen Mitte bewegt: Der Mensch „soll sich in sich selbst sammeln und in seinen inneren Grund sich kehren mit (auf Gott) erhobenem Geist und angespannten Kräften, die mit einer inneren Anschauung der Gegenwart Gottes."[36] Eine Erfahrung, die mir immer wichtiger wird. Ich hatte schon als Jugendlicher Mühe, mehr als einen Psalm auf einmal zu beten. Denn die wenigen Worte erinnern mich an so viele Menschen, dass ich bei ihnen, ihren Ängsten und Hoffnungen verweilen will. Oft berührt mich ein Wort aus der Bibel, dass ich nichts mehr anderes hören und sagen kann. Auch beim Feiern der Eucharistie bin ich manchmal so betroffen, dass mir die Worte im Halse stecken bleiben und ich um Worte ringe. Durch dich werde ich ermutigt, mehr zu meditieren, mich einzuüben im schweigenden Beten, denn „durch die Übung kommt man zum Sein, denn fleissige Übung lässt uns das Ziel zuletzt nach Form und Sein erreichen. Sobald man merkt, dass man innerlich - bei Gott - oder äusserlich - bei den Menschen - Aufsehen erre-

33 Ebd. 46.
34 Ebd. 70.
35 Ebd. 326.
36 Ebd. 298.

gen will, soll man sogleich sich niedersinken lassen in den allertiefsten Grund, schnell, unverzüglich; in dem Grunde entsinke dann in dein Nichts."[37]

Du lebst von der Verheissung, dass Gott „zu aller Zeit, ohne Unterlass in uns geboren"[38] wird. Dies ereignet sich, wenn wir die „Bilder bald fahrenlassen und mit flammender Liebe durch den mittleren in den allerinnersten Menschen hindurchdringen; dieser besitzt keine Tätigkeit, denn die Wirksamkeit in ihm ist allein Gottes."[39] Es ist die Hoffnung, eins zu werden mit Gott, wie dies Meister Eckhart schon in seiner ersten Predigt ausdrückt: „Dass Jesus in uns komme und hinauswerfen und wegräumen möge alle Hindernisse und uns eins mache."[40] Von diesen Hindernissen sprichst du oft, damit wir ehrliche, aufrechte Menschen werden können. Menschen, die auf die oft gestellte Frage nach dem Sinn des Lebens, wie dein Vorbild, Meister Eckhart, mit dem Leben selber antworten: „Wer das Leben fragte tausend Jahre lang: ,Warum lebst du?' - könnte es antworten, es spräche nichts anders als: ,Ich lebe darum, dass ich lebe'. Das kommt daher, weil das Leben aus seinem eigenen Grunde lebt und aus seinem Eigenen quillt; darum lebt es ohne Warum eben darin, dass es (für) sich selbst lebt. Wer nun einen wahrhaftigen Menschen, der aus seinem eigenen Grunde wirkt, fragte: ,Warum wirkst du deine Werke?' - sollte er recht antworten, er spräche nichts anders als: ,Ich wirke darum, dass ich wirke'."[41]

Du zeigst mir durch deine Worte, und vor allem durch dein Ringen und Suchen, wie dieses Handeln aus der Tiefe möglich

---

37 Ebd. 390.
38 Ebd. 14.
39 Ebd. 512.
40 Zit. nach Josef Sudbrack, Wulf Ligges: Das wahre Wort der Ewigkeit wird in der Einsamkeit gesprochen. Meister Eckharts Seinsmystik und die Erfahrung der Wüste, Würzburg (Echter) 1989, 66.
41 Meister Eckhart: Predigten a.a.O. 180.

wird. Dass du in diesem Engagement die schmerzlichen und sensiblen Seiten miteinbeziehst, lässt mich mit dir in meinem Ringen und Hoffen verbunden bleiben. Ich weiss mich nun als Mann nicht alleine mit all meinen vielen Bedürfnissen und Fragen und ich werde auch andere Männer auf dich aufmerksam machen. Auf deine Antwort warte ich gespannt. In der Zwischenzeit bin ich dir solidarisch verbunden

pierre

Je mystischer, um so menschenfreundlicher

Teresa von Avila (1515-1582)

Teresa von Avila wurde am 28. März 1515 geboren, väterli-
cherseits stammt sie aus einer jüdischen Konvertitenfamilie.
Zwanzig Jahre später tritt sie ins Karmeliterinnenkloster in Avila
ein und legt zwei Jahre später ihre Profess ab. Fast 20 Jahre
kämpft sie, um diesen äusseren Schritt der Hingabe auch innerlich mitvollziehen zu können: Selbstzweifel, Krankheit, Unzufriedenheit, Gespaltensein in der Nachfolge Jesu. 1554 hat
sie ein tiefes Erlebnis vor einem Bild des leidenden Christus,
das sie zur Selbsterkenntnis und zur Freundschaft mit Gott und
den Menschen führt. Diese Themen finden sich in ihren Schriften, in denen sie mit beispielloser Offenheit, psychologischer
Exaktheit und Klugheit ihre Lebenserfahrungen aufschreibt: Vida (Selbstbiographie), Gewissensberichte, Briefe, Fundacio-
nes (Buch der Klostergründungen), Weg der Vollkommenheit
und Die innere Burg.
Sie setzt ihr Leben für die Reform der Karmeliterinnen ein und
gründet 1562 ihr erstes Kloster. 1567 gewinnt sie Johannes
vom Kreuz für ihre Pläne und er gründet 1568 das erste Män-
nerkloster der unbeschuhten Karmeliter. Sie bestärken einander
in ihren mystischen Erfahrungen, die viel Gemeinsames haben
und doch verschieden sind. Teresa geht vom Menschen aus,
Johannes geht von Gott aus. Beide haben eine grosse Begabung, Menschen zu begleiten und für das Evangelium zu begeistern. Teresa lebt eine Mystik der Freundschaft, die ihr Gottesbild und ihre Beziehungen zu den Menschen verändert:
Christus wird ihr zum Freund, zum dem sie frei betet. In Pater
Jerónimo Gracián findet sie einen Vetrauten, mit dem sie eine
intensive freundschaftliche Beziehung lebt. Unermüdlich ist sie
unterwegs und kämpft für ihre Reform. Aus der Kontemplation
gewinnt sie jene Kraft, die Rückschläge und Verleumdungen

verkraften und Selbstzweifel überwinden kann. In ihrem Haupt-werk „Die innere Burg" beschreibt Teresa mit grossem geistlich-psychologischem Gespür ihren inneren Weg durch sieben Wohnungen. Ein Weg, der durch die Selbsterkenntnis zur Ver-einigung mit Christus führt. Am 4. Oktober 1582 stirbt Teresa von Avila. 1622 wird sie heiliggesprochen und 1970 zusam-men mit Katharina von Siena zur Kirchenlehrerin ernannt.

Liebe Teresa von Avila

Ich erinnere mich noch genau an die Zugfahrt zwischen Zürich und Bern, wo ich in deiner Autobiographie durch deine erstaunliche Offenheit erfuhr, wie du ein Leben lang um die ersehnte innere Ruhe in dir gerungen hast. Es war einer jener Tage, wo ich sehr bedrückt an eine Sitzung fuhr und mich innerlich selbst zerfleischte. Es waren jene Stunden, wo ich nur das in meinem bisherigen Leben wahrnahm, was nicht gelungen war. Ein beklemmendes Gefühl machte sich stark in mir und mir wurde schmerzhaft bewusst, wie gut eingespielte Mechanismen mich noch viel mehr bestimmen, als ich bis heute wahrhaben will. Erdrückend war die Überzeugung, noch immer am selben Punkt zu stehen; vernichtend die Gedanken, noch nicht weiter zu sein und einmal mehr, mich im Kreis zu drehen. In dieser Stimmung fielen mir deine ehrlichen Worte zu, die wie ein langersehnter Regen in meiner inneren Trockenheit sich ausbreiteten. Natürlich hatte ich schon vorher von dir gehört, doch einzig von deinem unermüdlichen Reformwillen. Dein Lebensthema, das im bekannten Lied „Nade te turbe, nada te espante: quien a Dios tienne nada le falta - sólo Dios basta" (Nichts beunruhige dich, nichts ängstige dich: Wer Gott hat, dem fehlt nichts. Gott allein genügt.) zu finden ist, ist mir wohl eine herausfordernde Ermutigung zum Hineinwachsen ins Urvertrauen. Da mir dies oft nicht gelingt, weil mich in meinem alltäglichen Leben vieles beunruhigt und ängstigt, fühlte ich mich - nebst aller Faszination - weit weg von dir. Denn ich meinte, dass es dir trotz mancher Schwierigkeiten grundsätzlich gelungen war, dein Lebensideal zu leben. Irgendwie staunte ich, als ich von deinen jahrelangen Kämpfen und deinem Ringen um Selbst- und Gottvertrauen las. Obwohl ich weiss, dass Ordensleute genau wie alle um Vertrauen ringen, tat es mir ganz einfach gut zu lesen, wie du als Klosterfrau fast zwanzig Jahre gebraucht hast, um zu entdecken, was dir ent-

spricht und um Gott als Freund und Begleiter anzusprechen. Dein Umherirren hat auch dich krank gemacht und du hast dich auch schwer getan, deine vielfältigen Fähigkeiten und deine Grenzen zu integrieren. Beim Lesen deiner Biographie („Vida - das Buch meines Lebens"[1]) kam mir oft Sören Kierkegaard in den Sinn, der das grosse Paradox unserer Existenz „verzweifelt nicht man selbst sein wollen; verzweifelt man selbst sein wollen"[2] auf den Punkt bringt. Einen Widerspruch und eine innere Zerrissenheit, die du hautnah erfahren hast und davon in aller Offenheit sprichst: „Weil ich mich nicht an diese unerschütterliche Säule hielt, welche das Gebet ist, lebte ich fast zwanzig Jahre lang in diesem aufgewühlten Meer mit diesen Stürzen und diesem Aufstehen, einem schlechten Aufstehen, da ich wieder fiel ... ich kann nur sagen, dass das eine der schmerzlichsten Lebensweisen ist, die man sich vorstellen kann, denn weder erfreute ich mich Gottes, noch fand ich in der Welt meine Befriedigung. Wenn ich mich mit der Welt abgab und dabei daran dachte, was ich Gott schuldete, so geschah das wieder mit Gewissensbissen; wenn ich bei Gott weilte, bedrängte mich die Anhänglichkeit an die Welt. Das ist so ein schmerzlicher Krieg, dass mir heute noch nicht klar ist, wie ich das auch nur einen Monat aushalten konnte, um wieviel weniger noch so viele Jahre."[3] Dein „Tagebuch" hat nichts an Aktualität verloren. Schonungslos hältst du uns den Spiegel entgegen und lässt uns die Masken erkennen, die wir je nach Situation aufsetzen, um uns keine Blösse zu geben und um gute Miene zum bösen Gesellschaftsspiel zu machen. Ein Spiel,

---

1 Vgl. Teresa (de Jesus): Sämtliche Schriften der hl. Theresia von Jesu. Neue dt. Ausg. bearb., hrsg. und übers. nach der span. Ausg. des Silvero de S. Teresa von Aloysius Alkofer, München (Kösel) 1984, Bd 1.

2 Sören Kierkegaard: Die Krankheit zum Tode. Der Hohepriester - der Zöllner - die Sünderin, Gütersloh (GTB 422) 1978, 8.

3 Teresa von Avila: hrsg., eingeleitet u. übers. v. Ulrich Dobhan, Olten (Walter „Zeugnisse mystischer Welterfahrung") 1983, 49-50.

das leider auch in unserer Kirche gespielt werden muss, weil unsere Gemeinden zu wenig Orte des gemeinsamen Teilens sind. Es ist das Lebensprogramm vom perfekten Menschen, der vor sich und den andern seine Zweifel, seinen Neid, seine Verletzungen versteckt, um gut und erfolgreich dazustehen. Leistungsdruck und Perfektionszwang lassen uns Menschen verkümmern und vereinsamen. Bis vor kurzem war ich hilfloses Opfer dieser Maschinerie, weil ich mir auch nicht helfen lassen wollte. Als Mann, verstärkt durch das Priestersein, lebte ich jahrelang ein-seitig die starken und kämpferischen Seiten. Die feinen, sensiblen Seiten verkümmerten und oft war ich unfähig zu sagen, wie es mir geht. Ich hatte das Glück, im Arbeitsteam und in der Ausbildungsgruppe des Sozialtherapeutischen Rollenspiels mühsam einzuüben, vermehrt wahrzunehmen, was in mir an vielfältigen Gefühlen lebt. So war es für mich befreiend bei dir zu lesen, wie auch du dein Leben lang mit den wunden Punkten deines Lebens konfrontiert worden bist: „Manchmal kommen und kamen Mühsale von anderer Art über mich, dass es mir scheint, als wäre mir die Möglichkeit genommen, etwas Gutes zu denken oder auch nur zu wünschen, es auszuführen. Meine Seele und mein Leib kommen mir dabei total unnütz und lästig vor ... Dabei spüre ich eine Unlust, ohne zu wissen, woher sie kommt, noch vermag etwas meine Seele zufriedenstellen. Ich suchte, mich teilweise zu zwingen, äusserliche gute Werke zu tun, um mich irgendwie zu beschäftigen ... andere Male wiederum ergeht es mir so, dass ich nicht einmal einen vernünftigen Gedanken an Gott noch an irgendeine andere Sache festhalten und kein Gebet verrichten kann, auch wenn ich in der Einsamkeit bin ... manchmal lache ich einfach darüber und erkenne meine Misere an ... ich habe dabei den Eindruck, dass ich weder Gutes noch Böses tue, sondern, wie man sagt, einfach hinter den andern hertrotte, ohne dass mir das weh tut, aber auch ohne Freude, gleichgültig ob es zum Leben oder Tod, mir zu Gefallen lästig ist ... doch allzu leicht mache ich mir da etwas vor, und vielleicht tue ich das tatsächlich, so dass das, was ich sage, gar nicht zutrifft".[4]

In mir selber und in Begegnungen mit vielen Menschen erkenne ich diese innere Unzufriedenheit von der du offen sprichst. Oft überfällt sie mich, wie ein Dieb aus dem Hinterhalt und kann mir einen gutbegonnenen Tag oder eine gelungene Vorlesung, ein intensives Gespräch oder einen eindrücklichen Gottesdienst schlagartig in Frage stellen oder sogar zerstören. In den letzten beiden Jahren hat dieses Gefühl erheblich zugenommen, obwohl ich äusserlich viel Erfolg hatte. Ich erschrak über meine Undankbarkeit und meine Ansprüche, die ich an mich selber stellte und wertete mich und mein bisheriges Leben ab. Ein auswegsloser Teufelskreis. Lange war ich dem Sog dieser „Todesspirale" ausgeliefert, bis ich bereit war, mich auch therapeutisch begleiten zu lassen. Auch du hast mich durch dein Buch „Die innere Burg"[5] wohlwollend ermutigt und herausgefordert, Schritte zur Selbsterkenntnis zu wagen. Du lädst darin mit deiner „mystischen Psychologie"[6] ein, sich auf seinen eigenen Bewusstwerdungsprozess einzulassen.

* * *

Mir ist es ein Bedürfnis, dich Anteil nehmen zu lassen, an dem, was deine Worte in mir ausgelöst haben. Lange habe ich gebraucht, um den tieferen und bleibenden Sinn deines Werkes zu verstehen. Du verwendest Worte, die mir den Zugang zu deinem Weg ins Innere erschwert haben. Wenn du Gott als „Seine Majestät" ansprichst und in einer Selbstverständlichkeit

4 Ebd. 44-46.
5 Teresa von Avila: Die innere Burg, hrsg. u. übers. von Fritz Vogelsang, Zürich (detebe-Klassiker 20643) 1979.
6 Erika Lorenz: Eine Wohnung für Gott. Der mystische Weg bei Teresa von Avila und Johannes vom Kreuz, in: dies.: Auf der Jakobsleiter. Der mystische Weg des Johannes vom Kreuz, Freiburg i.Br. (Herder) 1991, 112.

von „Sünde, Hölle, Satan" redest, dann weiss ich vom Kopf her, dass dies dein Sprachspiel, beziehungsweise das deiner Zeit ist. Auch deine Appelle gegen die aufkommende Reformation kann ich einordnen, doch spürte ich dadurch lange eine grosse Distanz zu dir. Oft legte ich deine Bücher beiseite. Lange war es allerdings nicht möglich, denn ich erahnte den verborgenen Schatz, den es hinter den zeitbedingten theologischen Begriffen auszugraben gilt. Dieses Graben erinnerte mich an die Auseinandersetzungen mit dem Ersten Testament[7]. All die kriegerischen Szenen verwehrten mir jahrelang den Zugang zu Texten, ohne die ich heute kaum mehr leben könnte. Ähnlich erging es mir mit deinen und vielen andern mystischen Texten. Sie zogen mich an, doch erst in letzter Zeit stosse ich mich nicht mehr an gewissen Formulierungen und kann darum noch stärker mit dir aufbrechen durch die sieben Wohnungen, die du in deiner inneren Burg ausführlich beschreibst. Oder sagen wir ehrlicherweise ein zaghafter Gang durch die ersten, denn die weiteren liegen mir noch sehr fern.

Schon in den kurzen Einführungsworten zeigt sich die ganze Schwierigkeit deiner Texte. Du schreibst vom Beichtvater, der dir befohlen hat, deine Erfahrungen niederzuschreiben. Ab und zu klingt dies an und wenn du sogar Texte zensurierst auf Geheiss deines Begleiters, sträubt sich in mir alles. Denn bis heute verlangen gewisse Vertreter der offiziellen Kirche, dass Texte kontrolliert und zensuriert werden. Sie werden sich auf dich berufen und dich als gehorsame Tochter der Kirche darstellen können. Doch ich glaube nicht, dass sie dann dein tiefstes Anliegen verstanden haben. Denn obwohl du deinen Weg im Bild der sieben Wohnungen darstellst, so verweist du auf eine Unzahl von Gemächern, denn „die Dinge der Seele

---

7 Der Ausdruck „Erstes Testament" wird für das sogenannte „Alte Testament" verwendet, um eine Abschätzung und Überheblichkeit zu überwinden: Vgl. Erich Zenger: Das Erste Testament. Die jüdische Bibel und die Christen, Düsseldorf (Patmos) 1991.

muss man sich immer in Fülle und Weite und Grösse denken."[8] Um diese Fülle und Weite kämpfst du und forderst heraus, den ureigenen Weg zu gehen, den du sogar „ein scheinbar wegeloses Gehen"[9] nennst, weil jede und jeder diese Gratwanderung wagen muss, um ein wenig mehr sich selber zu werden. Die Begleitung der Beichtväter hilft dir dabei, doch unterwirfst du dich nicht immer so, wie du es vordergründig beschreibst. Du suchst jemanden, der dich bestärkt und dem du vertrauen kannst und mit dem du dein Lebensthema der Freundschaft mit Gott und den Menschen auch leben kannst. In Pater Jerónimo Garcián findest du jenen Freund, der dich fördert, dich verteidigt und dich ermächtigt, selber für die Frauen zu schreiben, weil er überzeugt war, „dass Frauen die Sprache von ihresgleichen am besten verstehen"[10]. Dieses Teilen von Macht ist bemerkenswert. Sie kann jedoch nicht über die Ungerechtigkeit hinwegtäuschen, dass bis heute nur Männer Amtsträger sein können und es nicht genügen kann, Frauen zu ermächtigen, sondern einzig und allein, das Teilen der Verantwortung eine glaubwürdige Fortsetzung deines Reformwillens ist. Du siehst, wieviel nur schon deine zweiseitige Einführung an aktuellem Gesprächs(zünd)stoff beinhaltet. Doch jetzt will ich dir endlich mitteilen, worin mich deine Worte in meinem persönlichen Prozess unterstützt haben.

* * *

Du lädst ein „unsere Seele als eine Burg zu betrachten, die ganz aus einem Diamant oder einem sehr klaren Kristall be-

---

8 Teresa von Avila: Die innere Burg, a.a.O. 29.
9 Erika Lorenz: Ein Pfad im Wegelosen. Teresa von Avila - Erfahrungsberichte und innere Biographie, Freiburg i.Br. (Herderbücherei 1307) 1986, 12.
10 Teresa von Avila: Die innere Burg, a.a.O. 20.

steht und in der es viele Gemächer gibt, gleichwie im Himmel viele Wohnungen sind"[11]. Es ist nicht dein Bild von der Burg, das mich anspricht, weil ich damit zuerst etwas Herrschaftliches verbinde und weniger wie du, einen Ort der Geborgenheit. Die vielen Zimmer und Wohnungen jedoch eröffnen mir eine befreiende Lust, auf eine innere Entdeckungsreise zu gehen, um mich besser kennenzulernen. Ich staune, dass auch für dich die Selbsterkenntnis in den Beschreibungen der ERSTEN WOHNUNG steht. Eine Selbsterkenntnis, die vom Fundament getragen ist, Abbild Gottes zu sein. Auch du hast diesen unermüdlichen Glauben an das Gute im Menschen, das in ihm angelegt ist, jedoch schwer beschädigt, verschüttet und zubetoniert sein kann. Und nur wer es wagt, sich mit sich selber und seinem inneren Kern auseinanderzusetzen, kann schliesslich erfahren, was es bedeutet, nach Gottes Bild geschaffen zu sein. Du lädst alle geistlichen Menschen ein, sich auf einen persönlichen Prozess einzulassen, damit sie sich selber vielseitiger erfahren und auch „Gott geniessen"[12] können. Wir brauchen dich als Kirchenlehrerin, damit du auch all jene, die Verantwortung haben in unseren Kirchen, zu diesem Weg motivierst. Denn für dich ist wohl das Gebet das Tor, um die Burg überhaupt betreten zu können. Doch dein Beten kommt nicht um die Auseinandersetzung mit der eigenen Person und ihrer Geschichte herum: „So herrsche in uns ein noch unvergleichlich schlimmerer Stumpfsinn, wenn wir uns nicht darum kümmerten, zu erfahren, was wir sind, sondern uns mit diesen Leibern zufriedengäben und folglich nur so obenhin, vom Hörensagen, weil der Glaube es uns lehrt, davon wüssten, dass wir eine Seele haben."[13] In diesen Worten sehe ich die brisante Herausforderung, die sich jeder und jedem einzeln und auch uns

11 Ebd. 21.
12 Teresa von Avila: hrsg. von Ulrich Dobhan, a.a.O. 67.
13 Teresa von Avila: Die innere Burg, a.a.O. 22.

als christlicher Gemeinschaft stellt. Vom „Hörensagen", von Formulierungen, Dogmen und Gebeten, die wir nicht in Verbindung mit unserer eigenen Erfahrung bringen können, können wir nicht befreite und aufrechte Menschen werden. Dieser Weg wird nicht ohne Kritik an alten und neuen Katechetismen vorbeikommen und ist eine Aufforderung, sein Gottesbild immer neu zu überprüfen, denn wenn jemand „einfach so daherschwatzt, was ihm in den Mund kommt und was er von früher auswendig weiss, so halte ich das für kein Gebet"[14], denn ein echtes Gebet kann für dich nicht ohne den mühsamen Prozess der Selbstwerdung geschehen. Ein Postulat, das angesichts unserer restaurativen Tendenzen in unseren Kirchen, leider noch höchstaktuell ist.

* * *

Ich selber habe mich lange gegen diesen Prozess gewehrt, weil die Widerstände und die Ängste vor mir selber zu gross waren. Denn das ist das Verrückte an diesem Prozess: wer sich mehr Zeit für sich selber nimmt, wer eine Therapie beginnt, wer sich in eine geistliche Begleitung wagt, wird zuallererst schmerzhaft mit sich und seinen Mängeln konfrontiert: „Endlich treten sie in die ersten der unteren Gemächer ein; doch mit ihnen dringt so viel Gewürm ein, dass sie weder die Schönheit der Burg zu sehen vermögen noch zur Ruhe kommen können. Schwer genug ist es ihnen gefallen, überhaupt hineinzukommen."[15] Du ermutigst zu diesem schmerzhaften Prozess, weil dein Menschenbild von der Hoffnung lebt, „dass jene strahlende Sonne, die sich in der Mitte der Seele befindet, ihren Glanz

14 Ebd. 25.
15 Ebd. 25.

und ihre Schönheit nicht verliert."[16] Was immer einem Menschen widerfährt an Grausamkeiten, Perversitäten und Ungerechtigkeiten, sein Kern bleibt unantastbar. Eine gewaltige Hoffnung, die ich mit meiner ganzen Sehnsucht mit dir teile. Auch wenn manchmal sich erhebliche Zweifel bei mir melden, angesichts von Menschen, die zerbrechen an ihrer Last, ihrer Geschichte; Menschen, die von der ersten Stunde ihres Lebens an keine echte Chance zur Selbstwerdung haben. Menschen, die keine Kraft haben, das zu tun, was du als unumgänglich zur Menschwerdung siehst: in den „Schlamm unserer eigenen Erbärmlichkeit"[17] hinunter zu steigen. Deinen Rat, vom rechten Mass will ich mir sehr zu Herzen nehmen. Denn meine Schutzmechanismen haben auch gute Gründe, und es gilt, ihnen mit Wohlwollen zu begegnen. Eine Haltung, die mir oft nicht gelingt, weil ich meine, dass es nur an mir liegt und ich es alleine machen muss. Nach deiner Ansicht „werden wir mit unserer Selbsterkenntnis nie zu Ende kommen, wenn wir nicht danach trachten, Gott zu erkennen"[18]. Was für mich bedeutet, Vertrauen zu haben in den eigenen Prozess, in unscheinbares Wachstum, das nicht machbar ist, sondern Geschenk. Dieser lange Atem der Hoffnung ist notwendig, um sich all dem Negativen zuzuwenden, dass sich während Jahren verfestigt hat und uns den klaren Blick nehmen kann. Von dem Moment an, in dem ich den Zeiten der Stille in meinem Leben nicht mehr davonsprang, entdeckte ich, „dass so viele böse Wesen, Nattern und Ottern und anderes giftiges Getier, mit der Seele hereingelangt sind und ihr nun das Licht verdecken. Es ist, wie wenn jemand irgendwo hineinkommt, wo viel Licht hereinfällt, doch seine Augen sind mit Lehm verschmiert, so dass er sie kaum öff-

16 Ebd. 27.
17 Ebd. 31.
18 Ebd. 31.

nen kann. Der Raum ist hell, aber die Seele geniesst es nicht, weil dieses wilde Getier sie daran hindert. Es zwingt sie, die Augen zu schliessen, damit sie nichts sieht ausser diesen scheusslichen Wesen."[19] Deine Worte erinnern mich an meine erste Zeit in unserer Ausbildungsgruppe vom Sozialtherapeutischen Rollenspiel. Die Gruppe (sechs Frauen und sechs Männer) war längst bereit, mir Raum für meine Schwächen, meine Ohnmacht, meine Verletzungen zu ermöglichen. Doch ich war besetzt von der Unmöglichkeit loszulassen, mich anzuvertrauen, weil ich überzeugt war, dass sie alle davonlaufen würden, wenn ich auch meine Schattenseiten zeigen würde. Verstehst du jetzt, warum mir deine ehrlichen Erfahrungen so wertvoll geworden sind? Ich habe durch sie erfahren, dass ich nicht alleine bin mit meinen Widerständen und du mit Nachdruck in der ZWEITEN WOHNUNG an die bevorstehenden, schmerzlichen Schritte erinnerst: „Ich habe es zwar schon des öfteren gesagt, doch will ich es hier, um seiner Wichtigkeit willen, noch einmal wiederholen: Man glaube ja nicht, dass es zu Beginn dieses Unternehmens irgendwelche Annehmlichkeiten gebe. Dies wäre ein schlechtes Fundament für ein solch herrliches Bauwerk. Baut man aber auf Sand, so wird alles einstürzen. Nie wird man das Unbehagen und die Versuchungen loswerden. Denn hier sind noch nicht die Wohnungen, wo es Manna regnet. Die liegen weiter innen."[20] Ohne sich „mit erfahrenen Personen" zu besprechen und mit gelassener Entschlossenheit dranzubleiben, werden sich keine Schlüsselerlebnisse ereignen. Eines dieser befreienden Aha-Erlebnisse, das mir in der Therapie aufgegangen ist, finde ich auch bei dir als wichtige Bestärkung wieder:

19 Ebd. 33.
20 Ebd. 41.

„Kann es etwas Schlimmeres geben, als dass wir uns in unserem eigenen Haus nicht zurechtfinden? Wie können wir hoffen, in andern Häusern Ruhe zu finden, wenn wir sie im eigenen nicht zu finden vermögen?"[21]

Du sprichst mir aus dem Herzen! Zu lange habe ich aussen gesucht, was ich mir in mir selber schenken lassen muss. Wie jeder Mensch brauche ich Freundinnen und Freunde, Anerkennung und Bestätigung. Doch nur ich - dies ist die schmerzlich-befreiende Erkenntnis - kann mir Heimat in mir schenken lassen. Seit ich dieser Spur folge, kann ich mich besser abgrenzen, kann besser nein sagen, denn ich will nicht mehr nur von aussen Bestätigung erhalten, sondern sie mir selber geben. Ja, ich hoffe, vor aller Leistung beachtet und geliebt zu sein. Ich versuche nun zu akzeptieren, dass ich ein Leben lang an dieser Schlüsselfrage arbeiten werde. Immerhin weiss ich nun, wohin ich meinen Blick wenden kann: nach innen, um mir wohlwollend zu begegnen. Denn der „Gedanke, wir würden in den Himmel kommen, ohne in uns zu gehen, ohne uns selber zu erkennen, unser Elend zu bedenken, unsere Schuld vor Gott, und ohne ihn vielmals um Erbarmen zu bitten, ist also töricht und widersinnig."[22] Ich möchte trotz Rückfällen dranbleiben, weil ich hier und jetzt ein Stück Himmel erfahren will. Ich will versuchen ehrlicher mit mir selber zu werden und zu meinen Fehlern zu stehen. In der Zuversicht, auch mit meinen Schwächen Zuwendung zu erfahren.

* * *

Auch deine Gedanken rund um die DRITTE WOHNUNG lassen in mir einiges anklingen. Es geht um die Geduld, um die

21 Ebd. 43.
22 Ebd. 44.

Erkenntnis, nichts zu überstürzen, sondern behutsam-entschieden wachsen zu lassen. Ich tue mich schwer damit. Es kommt mir vor, wie wenn ich eine Kehrtwendung um 180 Grad machen müsste. Denn in meiner Arbeit und meiner Aufgabe fiel es mir viel leichter, Probleme anzugehen und mit Entschiedenheit mich für eine Vision ein- und auszusetzen. Bei mir selber merke ich nun, dass ich nur mit kleinen Schritten vorwärtskomme oder wie du es auch sagst, dass es uns oft vorkommt, erst wenige Schritte getan zu haben. Diese kleinen Schritte beachte ich kaum und ich kann hart mit mir ins Gericht gehen, weil ich meine eigene Veränderung nicht sehen will. In solchen Momenten sprichst du von Demut. Ich spreche lieber vom Mut zur entschiedenen Gelassenheit. Es braucht meine Bereitschaft und die Begleitung von andern, doch den Weg muss ich selber nach meinem Rhythmus gehen. Auch du bist diesem Menschenbild verpflichtet und es ist indirekt eine massive Kritik an zentralistischen Systemen, die sich anmassen, zu wissen, was für den einzeln gut ist. Du setzt dich für den Einzelnen, für seine Individualität und seinen Gewissensentscheid ein. Einen Kampf, den wir noch immer mit einer zentralistischen Kirchenleitung führen müssen und auch mit allen Gurus, die nur eine „Oneway-Philosophie" vertreten:

„Es mag nun so scheinen, als müsse man, um in diese Wohnung zu gelangen, vorher lange Zeit in andern gelebt haben. Obwohl es das Übliche ist, dass man zunächst in den Räumen gewesen sein muss, von denen wir eben gesprochen haben, so ist dies doch keine starre Regel, wie ihr wohl schon des öfteren gehört habt; denn Gott gibt seine Güter, wann er will und wie er will und wem er will."[23]

* * *

23 Ebd. 58.

Wenn ich hier in der Abbaye an der Quelle sitze, fällt es mir leichter, deinen Gang durch die VIERTE WOHNUNG nachzuvollziehen. Es ist nochmals eine Auseinandersetzung mit der inneren Unruhe, die ich hier in der Stille in mir wahrnehme und ich sage wie du manchmal: „Mein Gott, auf was habe ich mich da eingelassen."[24] Deine Worte sind echt, weil du jahrelang um eine wohltuende Beziehung zur Stille gerungen hast. Du musstest dich einsetzen gegen die Formeln, die dich nicht mehr ansprachen: „Während mehrerer Jahre gab ich sehr oft mehr darauf acht, ob nicht möglichst bald die Gebetszeit, zu der ich verpflichtet war, zu Ende ging, und achtete mehr auf die Uhr als auf andere gute Dinge."[25] So suchst du nach einer neuen Gebetsform. Eine Form, die auch dein Gottesbild verändern wird, weil Christus als Mensch dir immer wichtiger wird. Eine Erfahrung, die dich zum inneren, freien Gebet führt, zum „Gespräch mit einem Freund, mit dem wir oft und gern allein zusammenkommen, um mit ihm zu reden, weil wir sicher sind, dass er uns liebt."[26] Diese befreiende Gebetserfahrung beschreibst du mit zwei Brunnenbecken (das eine mit komplizierten Röhren und das andere direkt von der Quelle bewässert), die den Übergang von der Sammlung zum Gebet der Ruhe, oder von der Meditation zur Kontemplation kennzeichnen. Ich habe das Glück, deine Gedanken an einem Brunnen zu lesen, der von einer Quelle bewässert wird. Sie erinnern mich an die Brunnenvision von Nikolaus von Flüe. Eine Vision, die mir vor einigen Jahren schmerzlich bewusst werden liess, dass ich zu wenig den Weg zum Brunnen wage. In seiner zeitkritischen Vision drückt der Mystiker und Politiker sein Unverständnis dar-

24 Ebd. 66.
25 Teresa von Avila: hrsg. von Ulrich Dobhan a.a.O. 49.
26 Ebd. 19.

über aus, dass sich niemand Zeit nimmt, aus dem Brunnen zu schöpfen: „Du willst hinausgehen und sehen, was die Leute tun, dass sie nicht hereingehen, des Brunnens zu schöpfen, dessen doch ein grosser Überfluss ist. Und er ging zur Tür hinaus. Da sah er die Leute schwere Arbeit tun und dazu fast arm sein … Und er sah niemanden hineingehen, um aus dem Brunnen zu schöpfen."[27] Du ermutigst, den Weg zum Brunnen zu wagen. Es ist für dich ein Weg der Selbsterkenntnis, der zu einer freundschaftlichen Beziehung zu Gott führt. Eine Beziehung, die wie jede Beziehung letztlich ein Geheimnis ist. Wir meinen, wir erfassen etwas von Gott, „und dabei ist es gewiss soviel wie nichts; denn in uns selber sind grosse Geheimnisse, die wir nicht verstehen."[28] Das Vertrauen, „dass Gott in uns selber ist" hat für dich Konsequenzen, damit man „fortan in den Dingen des Gottesdienstes nicht mehr so ängstlich ist wie zuvor."[29]

* * *

Viele Wochen sind vergangen seit dem letzten Brief. Ich war wie blockiert und konnte dir nicht mehr schreiben. An der Schwelle zur FÜNFTEN WOHNUNG gab es für mich auch nichts mehr zu schreiben, weil für mich ein Eingang kaum in Frage kam. Ich konnte die vielen Erfahrungen, die du in den letzten drei Wohnungen beschreibst, zu wenig in Verbindung bringen mit meinem Leben und dem Leben von uns Menschen heute. Und doch konnte ich sie nicht einfach beiseite lassen. Immer wieder meditierte ich deine Erfahrungen und auf einmal entdeckte ich in vielen unscheinbaren Alltagserfahrungen eine

27 Nikolaus von Flüe: Erleuchtete Nacht. Holzschnitte zu seinen Visionen von Alois Spichtig mit Texten von Margrit Spichtig, Freiburg i.Br. 1981 (Herderbücherei „Texte zum Nachdenken" 852), 118.119.
28 Teresa von Avila: Die innere Burg, a.a.O. 68.
29 Ebd. 73.77.

Spur zu deinen mystischen Erlebnissen, deiner Vereinigung mit Gott. Eine Vereinigung, die dir geschenkt ist und die deine Seelenkräfte (Phantasie, Erinnerung, Verstand) übersteigen. Gott verbindet sich „selber mit den Innern der Seele, so dass sie, wenn sie wieder zu sich kommt, keinesfalls daran zweifeln kann, dass sie in Gott war und Gott in ihr. Mit solcher Gewissheit verbleibt ihr diese Wahrheit, dass sie, selbst wenn Jahre vergingen, ohne dass Gott ihr nochmals solch eine Gnade erwiese, sie dies nicht vergessen und nicht daran zweifeln könnte, dass er es war."[30] Auch wenn ich selber weit entfernt bin von deinen intensiven Erfahrungen, so entdecke ich in meinem Leben Momente, in denen ich dieses Ergriffensein erfahren habe.

Momente des Ganz- und Echtseins.

Momente, in denen ich mich hineingeben konnte in die Stille und darin nicht Leere, sondern erfülltes Leben erfuhr.

Momente, angesichts des Todes eines Menschen, in denen ich intensives Leben spürte und Christus erahnte als jener, der in jedem Menschen atmet und lebt, auch durch den Tod hindurch.

Momente des Glücks, in denen ich sprachlos vor Staunen mich als Teil der Schöpfung erfuhr.

Momente, in denen ich mich engagierte und wehrte für mehr Gerechtigkeit und die Angst vor Konsequenzen mich nicht lähmte, sondern ich sagen konnte, was ich zutiefst fühlte.

Momente, in denen ich weinen und schreien konnte, mich in offene Arme hineingeben konnte und in dieser heilenden Zuwendung Christus erahnte.

Momente, in denen ich im Feiern der Eucharistie um Worte rang, weil mir im Brechen des Brotes alle zerbrochenen Beziehungen und Hoffnungen so nahe waren, dass ich die Spannung zwischen Tod und Auferstehung hautnah erfuhr.

30 Ebd. 86.

73

Momente, in denen ich beim Singen, Spielen, Tanzen und Festen kein Zeitgefühl mehr hatte und das Leben zutiefst als Geschenk erfuhr.

Momente, in denen mich ein biblisches Wort so berührte, dass es mir kalt den Rücken herunterlief.

Momente, in denen ich in einer zärtlichen Umarmung erfahre, dass ich vor aller Leistung angenommen bin.

Momente, in denen ich wie jetzt nach wochenlanger Blockierung „ohne zu überlegen" schreiben kann, was ich fühle.

Ein Wort ermöglichte mir, den Briefkontakt mit dir fortzuführen. Du sprichst oft von der Sehnsucht, die genügt, um diesen Weg zu gehen. So habe ich deine Texte nicht vom Ziel her, sondern von der Sehnsucht, die am Anfang stand, neu gelesen und einen neuen Zugang gefunden. Denn der Weg ist das Ziel. Du verdeutlichst diese Haltung in deinem Schmetterlingsgleichnis: Die Raupe (der alte Mensch), der alte Muster loslässt, stirbt, um als weisser Falter ein neue Existenz zu werden. Das Befreiende an diesem Gleichnis liegt für mich in deinen prozessorientierten Ausführungen. Mit der neuen Geburt ist nicht einfach alles geschehen, wie dies so oft gepredigt wird. Der Weg der inneren Wandlung geht weiter, denn der Falter weiss noch nicht, wo er hingehört. Dieser unangenehme Zustand zwischen Nichtmehr und Nochnicht entspricht meiner jetzigen Situation. Das „ruhelose Umherflattern" geht weiter. Und wenn in mir auch ab und zu das ungute Gefühl aufkommt, so schnell wie möglich meine Entscheide rückgängig zu machen, so weiss ich, wie du auch, dass es auf diesem Weg kein Zurück gibt. Denn dahin „zurückkehren, woher er gekommen ist - das kann er nicht; denn - wie gesagt - es liegt nicht in unserer Hand, so viel wir auch tun mögen ... und sollte jemand behaupten, er fühle sich, seitdem er auf diese Stufe gekommen sei, immer in Ruhe und

31 Ebd. 92.

74

Annehmlichkeit - von dem würde ich sagen, dass er niemals so weit gekommen ist."[31] Diese realistischen Worte bedeuten keineswegs, dass in diesem Prozess nicht auch Freude und Fest erfahrbar wird.

Sicher nicht, denn du verwendest das Bild vom Weinkeller, wohin Gott die Braut führt, wie dies auch in der persischen Mystik oft verwendet wird: „Als der Herr der Weinschenke meines Herzens Geliebter wurde, wandelte sich mein Blut zu Wein und mein Herz zum Heiligtum. Immer wenn das Auge erfüllt ist von Gedanken an ihn, ertönt eine Stimme: ‚Gut getan, Weinkrug, und bravo, Wein!'"[32] Deine Lebensfreude ist ansteckend und du findest „Christus auch zwischen den Kochtöpfen"[33] und willst nicht beim Geniessen des Essens an die Askese denken, indem du treffend sagst: „Wenn Rebhuhn, dann Rebhuhn, wenn Geissel, dann Geissel."[34]

Deine Sehnsucht, mit Gott und mit den Menschen verbunden zu sein, ist grösser. Sie lässt dich deine Grenzen und das Leiden der Menschen wachhalten und auch kritisch sein, mit all jenen, die sich in mystischen Erfahrungen aus dem Alltag schleichen wollen:

"Denn ob wir Gott lieben, kann man nicht wissen - obwohl es deutliche Anzeichen gibt, die es erkennen lassen - aber ob wir unseren Nächsten lieben, das merkt man. Und ihr dürft mir glauben: Je mehr ihr hierin Fortschritte macht, um so tiefer ist eure Liebe zu Gott ... wenn ich Seelen erblicke, die sich emsig bemühen, das Gebet zu erfassen, und mit niedergeschlagenen Augen und fest verschlossenem Gesicht darin verharren, so

32 Vgl. Gesänge des tanzenden Gottesfreundes. Aus der Dichtung des persischen Mystikers Rumi übertragen und geschrieben von Linde Thylmann. Mit Ornamenten von Karl Thylmann, Freiburg i.Br. 1978 (Herderbücherei „Texte zum Nachdenken" 679).

33 Teresa von Avila: hrsg. von Ulrich Dobhan, 204.

34 Erika Lorenz: Licht der Nacht. Johannes vom Kreuz erzählt sein Leben, Freiburg i.Br. (Herder) 1990, 133.

dass es scheint, als wagten sie nicht, sich zu rühren oder ihre Gedanken in Bewegung geraten zu lassen, damit ihnen ja kein bisschen Wonne und Andacht entgehe, so zeigt mir das, wie wenig sie von dem Weg wissen, auf dem man zur Vereinigung gelangt. Sie glauben, hierin bestehe die ganze Arbeit, die von ihnen erwartet wird. Nein, Schwestern, nein! Werke will der Herr! Und wenn du eine Kranke siehst, der du eine Linderung verschaffen kannst, sollst du dir nichts daraus machen, dass es dich deine Andacht kostet, sondern dich ihrer erbarmen. Hat sie einen Schmerz so fühle ihn, und wenn nötig, so verzichte auf die Speise, damit sie essen kann ... dies ist die wahre Vereinigung mit dem Willen Gottes."[35]

Deine Worte sind umso brisanter, weil du dich vehement für die Reform im Karmel eingesetzt hast, damit die Kontemplation mehr Gewicht erhält. Eine Kontemplation allerdings, die Christus sucht und im Gesicht jedes Menschen Christus entdeckt. Das war ja deine mystische Urerfahrung vor dem Bild des Schmerzensmannes, das dein Gottesbild veränderte und dich noch mehr zu den Menschen führte. Darin unterscheidet sich christliche Spiritualität von vielen anderen spirituellen Entwürfen. „Sie ist keine Reise zu sich selbst, und sie ist nicht ungestörte Entweltlichung. Sie ist keine Einübung in Leidenschaftslosigkeit; sie ist keine Selbsterfahrung. Sie ist die Erfahrung der Augen Gottes in den Augen des verlassenen Kindes; sie ist die Entdeckung Christi im Schmerz und im Glück der Menschen. Diese Spiritualität hat darum immer etwas Lumpiges, etwas Dreckiges. Sie ist störungsanfällig, und sie erlaubt nicht, in sich selber zu ruhen. Sie lehrt uns, Fragen zu stellen: Wo leiden

35 Teresa von Avila: Die innere Burg, a.a.O. 99.101.
36 Fulbert Steffensky: Wie ernähren wir unsere Träume? Über den Zusammenhang von Spiritualität und der Liebe zur Gerechtigkeit, in: Kuno Füssel, Dorothee Sölle, Fulbert Steffensky, Die Sowohl-als-auch-Falle. Eine theologische Kritik des Postmodernismus, Luzern (Edition Exodus) 1993, 88-89.

Menschen? Woran leiden sie? Wer macht sie leiden? Mit diesen Fragen aber ist unsere Harmonie gefährdet."[36] Diese Leidenschaft führt dich nebst der Kontemplation zum Kampf, der dir auch harte Kritik, z.B. vom päpstlichen Nuntius einbringt, der sagt, du seist „eine ruhelose Vagabundin, widerspenstig und verstockt, die unter dem Deckmantel der Frömmigkeit schlechte Lehren erfindet, sich entgegen den Anordnungen ihrer Vorgesetzten und des Tridentinums ausserhalb der Klausur bewegt und doziert wie ein Professor, obwohl der Apostel Paulus den Frauen eine öffentliche Lehrtätigkeit verboten hat."[37] Dich treffen diese Worte sehr und sie führen dich dazu, dich und deine Erfahrungen selber kritisch zu hinterfragen.

* * *

Dein Schmerz bleibt, wie du am Anfang deiner Hinführung zur SECHSTEN WOHNUNG beschreibst. Zu deinen Leiden „gehört ein Tratsch unter den Leuten, mit denen man zu tun hat, und auch unter solchen, die einem völlig fernstehen und von denen man nie vermutet hätte, sie könnten sich überhaupt an uns erinnern. Da heisst es dann: ‚Sie macht sich zur Heiligen; sie gibt sich überspannt, um die Leute zu täuschen und die andern schlechtzumachen, die bessere Christen sind als sie, ohne solch ein feierliches Gehabe zur Schau zu stellen.' Dabei tut die Seele, von der die Rede ist, wohlgemerkt, nichts anderes, als dass sie sich darum bemüht, ihren Stand gewissenhaft zu wahren. Die einst ihre guten Freunde waren, trennen sich von ihr; und eben diese sind es, die ihr am ärgsten zusetzen. Von ihnen schmerzt es am meisten."[38]
Mit diesen Worten klingt bei mir eine ganze Fülle von Erfahrungen an. Sie führen mich auch zu den zentralen, wunden

37 Erika Lorenz: Ein Pfad im Wegelosen, a.a.O. 145.
38 Teresa von Avila: Die innere Burg, a.a.O. 110.

Punkten in meinem Leben. Aus Angst, Freundinnen und Freunde zu verlieren, habe ich mich zu sehr auf sie gerichtet. So war ich es oft, der sie besucht hatte und ihnen und mir nicht eingestand, dass es mir gut tun würde, wenn auch sie mir entgegenkommen würden. Am Anfang meiner Sabbathzeit war ich ganz stark mit dieser Frage konfrontiert. Die Erwartungen, dass ich nun endlich Zeit hätte, viele gute freundschaftliche Beziehungen zu pflegen, erdrückten mich. Hätte ich es getan, so wäre ich ein Jahr lang herumgereist und meine Reise nach innen wäre nochmals vertagt worden. Schmerzlich und zu oft noch mit schlechtem Gewissen übe ich mich bis heute ein, mich abzugrenzen und zu meinen Bedürfnissen zu stehen. Wie du schreibst, so sind es jene, von denen ich meinte, sie ständen mir wirklich nahe, bei denen es mir einiges ausmacht, wenn sie mich nicht verstehen wollen. Im Nachhinein sehe ich in diesem Prozess ein Stück innere Freiheit, die ich zurückgewonnen habe. Ich will nicht mehr alle Erwartungen erfüllen. Ich will dieses Allmachtsgefühl nicht weiter nähren und zu meinen Grenzen stehen, auch wenn es schmerzvoll ist und ich manchmal zweifle an meiner Umkehr. Durch dich fühle ich mich verstanden und bestärkt. Dafür bin ich dankbar. Auch für deine Offenheit und Ehrlichkeit, die in mir im wahrsten Sinne neue Räume eröffnet. Es ist für mich ganz einfach wohltuend, von deinem Ringen zu lesen. Du stehst zu deinen Zweifeln, auch wenn du von der geistlichen Verlobung sprichst. Diese Zweifel erschliessen mir deine Visionen, Ekstasen und Entrückungen ein wenig.[39] Auch hier muss ich deine Erfahrungen, die zu deiner Zeit viel alltäglicher waren als heute, neu deuten. Durch diese Auseinandersetzung hat sich meine Spiritualität erweitert. Zu meinem Lebensthema „Mystik und Politik" füge ich nun Eros hin-

---

39 Erika Lorenz: Ein Pfad im Wegelosen, a.a.O. 47-82.

zu. „Mystik, Politik und Eros"[40] entdecke ich in deiner Gottesbeziehung, deinen Reformbestrebungen und Klostergründungen und deinen freundschaftlichen Beziehungen, die du gelebt
hast. Denn für uns zölibatär Lebende ist es wichtig, dass wir intensive emotionale Beziehungen zu Männern und Frauen haben, um in dieser Lebensform leben und überleben zu können.
„Eine intensive, herzliche, Leib und Seele berührende Beziehung zu Gott ist darüberhinaus geradezu Voraussetzung dafür,
um als ehelos Lebender eine Chance haben zu können, ein zölibatäres Leben halten und aushalten zu können. Ist diese Beziehung zu Gott nur etwas Aufgesetztes, nur etwas Verbales
und Formales, wird ein religiös motiviertes, zölibatäres Leben,
das ein Ja zum Leben darstellt und bei allem Versagen vor Gott
und den Mitmenschen bestehen kann, da es integer gelebt
wird, nur schwer möglich sein. Die intensive, gelebte, den
ganzen Menschen in Beschlag nehmende Beziehung zu Gott,
ist das Fundament eines zölibatären Lebens, das lebensbeja-
hend ist und die beste Chance hat, entscheidend zu einem ge-
glückten Leben beizutragen."[41] Obwohl mir Beziehungen und
Begegnungen das Wichtigste im Leben sind, weil „alles wirkli-
che Leben Begegnung ist"[42], so habe ich oft nicht gewagt,
dies auch als Priorität in meinem Leben zu setzen. Sicher, weil
ich Angst vor allzu nahen Beziehungen hatte und in der
ganzen Ausbildung und im Austausch mit Priestern und Ordensleuten die Fragen der Sexualität und Beziehungen eigentlich tabu sind. Mit grossem Erstaunen lese ich von dir, deiner

---

40 Folgende Bücher haben diese Vertiefung in mir gefördert: Wunibald Müller: Inti-
mität. Vom Reichtum ganzheitlicher Begegnung, Mainz (Grünewald) 1989. Ders.:
Ekstase. Sexualität und Spiritualität, Mainz (Grünewald) 1992. Anselm Grün, Gerhard Riedl: Mystik und Eros, Münsterschwarzach (Münsterschwarzacher Kleinschriften 76) 1993.
41 Wünibald Müller: Ekstase, a.a.O. 80.
42 Martin Buber: Ich und Du, Heidelberg (Lambert Schneider) 11., durchgesehene Auflage 1983, 18.

freundschaftlichen Beziehung zu Johannes vom Kreuz und mehr noch zum Jesuiten Jerónimo Gracián, die du sogar in einer hochzeitlichen Vision[43] beschreibst. Ich nehme neu bewusst wahr, dass die „erotische Sprache der Mystiker offensichtlich nicht rein literarisch ist, sondern ihrer Erfahrung von menschlicher Freundschaft"[44] entspringt. Dies hilft mir sehr, um deinen Gang durch die sechste und siebte Wohnung besser zu verstehen. Auch Heinrich Seuse versteht nur, wer um seine Freundschaft zu Elsbeth Stangel weiss[45]. Und den Jesuiten und Naturforscher Pierre Teilhard de Chardin, der Materie und Geist und Kosmos und Christus zusammen gesehen hat, lese ich durch seine Briefe an Frauen[46] ganz anders. Mystikerinnen und Mystiker sind keine Menschen, die auf der Flucht sind vor Beziehungen und sich in eine Gottesbeziehung hineinsteigern. Im Gegenteil, es sind Menschen, die versuchen, ihre Sexualität zu integrieren und darum der Eros auch die Spiritualität prägen wird und darf. Achtzig Seiten hast du der sechsten Wohnung gewidmet, wo du von deiner geistlichen Verlobung sprichst, von Erfahrungen der Nähe und der schmerzlichen Distanz. Es bleibt noch viel zu sagen, doch im Moment genügt es.

* * *

Deine Lebenssehnsucht innere Ruhe zu finden, wird in der SIEBTEN WOHNUNG erfüllt. In der Unio mystica, in der geistlichen Ehe kann sich das Paar nicht mehr trennen. In einem treffenden Bild erläuterst du den Unterschied zwischen der

43 Erika Lorenz: Ein Pfad im Wegelosen, a.a.O. 135-149. Vgl. auch dies.: Nicht alle Nonnen dürfen das. Teresa von Avila und Pater Gracián - die Geschichte einer grossen Begegnung, Freiburg i.Br. (Herderbücherei 1090) 2. Aufl. 1984.
44 Anselm Grün, Gerhard Riedl: a.a.O. 62.
45 Heinrich Seuse (1293-1366), in: Walter Nigg: Das mystische Dreigestirn. Meister Eckhart, Heinrich Seuse, Johannes Tauler, Zürich (detebe 21933) 1990, 180-189.
46 Pierre Teilhard de Chardin: Briefe an Frauen, ausgew. und erläut.von Günther Schiwy, Freiburg i.Br. (Herder) 1988.

geistlichen Verlobung und der Vermählung: Es gibt keine Trennung mehr, „denn immer bleibt die Seele mit ihrem Gott in jener Mitte. Wir wollen sagen: Die Vereinigung gleicht zwei Wachskerzen, die man so dicht aneinanderhält, dass beide Flammen ein einziges Licht bilden; und sie ist jener Einheit ähnlich, zu der der Docht, das Licht und das Wachs verschmelzen. Danach aber kann man leicht eine Kerze von der andern trennen, so dass es wieder zwei Kerzen sind, und ebenso lässt sich der Docht vom Wachs lösen. Hier jedoch ist es, wie wenn Wasser vom Himmel in einen Fluss oder eine Quelle fällt, wo alles nichts als Wasser ist, so dass man weder teilen noch sondern kann, was nun das Wasser des Flusses ist und was das Wasser, das vom Himmel gefallen."[47] Durch dieses Urvertrauen verlierst du deine alte Unruhe, die dich um dich selber kreisen liess. Doch du bleibst - glücklicherweise! - realistisch und sprichst von einer neuen Unruhe, die in der christlichen Mystik bleiben muss. Denn die Verwurzelung in den gekreuzigten und auferstandenen Christus, ruft uns jeden Tag sein „gefährliches und befreiendes Gedächtnis"[48] in Erinnerung. Ein privates Christentum, wo jede und jeder an die eigene Ruhe denkt, lässt sich nicht mit der Praxis Jesu verbinden: „Ich habe euch bereits gesagt, dass die Ruhe, welche die Seelen in ihrem Inneren erfahren, ihnen dazu geschenkt wird, dass sie im äusseren Leben um so weniger Ruhe benötigen und um so leichter darauf verzichten ... Glaubt mir, Maria und Martha müssen beisammen sein, um den Herrn beherbergen zu können und ihn immer bei sich zu behalten; sonst wird er schlecht bewirtet sein und ohne Speise bleiben."[49]

47 Teresa von Avila: Die innere Burg, a.a.O, 196.
48 J.B. Metz, in: Franz-Xaver Kaufmann, Johann Baptist Metz: Zukunftsfähigkeit. Suchbewegungen im Christentum, Freiburg i.Br, (Herder) 1987, 156.
49 Teresa von Avila: Die innere Burg, a.a.O. 211.212. Vgl. auch Meister Eckhart, der Martha als reifes Beispiel für die Synthese von Kontemplation und Aktion hervorhebt, in: Meister Eckhart: Deutsche Predigten und Traktate, Hrsg. u. übers. v. Josef Quint, Zürich (detebe-Klassiker 20642) 1979, 280-289.

Ja, liebe Teresa, wir brauchen beide Schwestern, beide Seiten in uns. Ich will in mir mehr innere Ruhe finden, damit ich mich noch entschiedener für eine Welt, die gerechter und zärtlicher sein wird, ein- und aussetzen kann und ich den langen Atem der Hoffnung nicht verliere, im Engagement für eine mystische und menschenfreundliche Kirche. „Wir müssen die Welt nicht in Macher und Träumer, in die sanfte, lauschende, sich hingebende Maria auf der einen Seite und die pragmatische, handlungsstarke Martha aufteilen."[50] Du ermutigst mich, meinen Weg nach innen fortzusetzen, um darin Gott zu erahnen, der längst schon in meiner Mitte lebt, damit mein Kampf mehr aus seiner Mitte belebt und bestärkt wird. Diese grosse Sehnsucht teile ich mit dir und bleibe dir hoffend verbunden

pierre

---

50 Maria und Martha. Die Einheit von Handeln und Träumen, in: Dorothee Sölle: Das Fenster der Verwundbarkeit. Theologisch-politische Texte, Stuttgart (Kreuz) 1987, 107.

Vertrauen, wenn es auch Nacht ist

Johannes vom Kreuz (1542-1591)

Juan de Yepes Alvarez wird 1542 in Fontiveros (Dorf in der Provinz Avila) geboren. Schon mit drei Jahren verliert er seinen Vater und seine Mutter und zieht verarmt mit den beiden ältern Brüdern nach Medina del Campo. Als Heranwachsender arbeitet Juan als Schreiner, Schneider, Bildschnitzer, Maler und vor allem als Krankenpfleger.
Nach langem Suchen tritt er 1563 in den Karmel zu Medina del Campo ein. Er studiert an der Universität in Salamanca und ab 1567 unterstützt er Teresa von Avila in ihren Reformplänen. Dieses Engagement bringt ihm trotz wichtiger Aufgaben - Novizenmeister, Rektor - in grosse Schwierigkeiten mit seinen nicht-reformwilligen Mitbrüdern, den beschuhten Karmeliten. 1577 nehmen sie Juan de la Cruz gefangen und verschleppen ihn nach Toledo, wo er unter unmenschlichsten Bedingungen neun Monate im Klostergefängnis eingesperrt ist. Während dieser Zeit entstehen seine schönsten Gedichte „Der geistliche Gesang - Lied der Liebe" und wohl auch „Die dunkle Nacht". Juan ergibt sich nicht seinem Schicksal und wagt eine abenteuerliche Flucht nach Andalusien. Eine Zeit lang kann sich seine Reform durchsetzen und er wird Provinzialvikar und auf dem 1. Generalkapitel erster Berater. Nebst seiner wichtigen Aufgabe im Orden kommentiert er seine Gedichte in vier mystischen Schriften „Empor dem Karmelberg", „Die dunkle Nacht", „Der geistliche Gesang" und „Die lebendige Flamme". Viele Menschen kommen zu ihm und er ist ihnen ein einfühlsam-fordernder Begleiter. 1591 wird er auf dem 3. Generalkapitel aller Ämter enthoben. Am 14. Dezember 1591 stirbt er verkannt und einsam. 1675 wird er heiliggesprochen und 1926 zum Kirchenlehrer ernannt. In seiner anspruchsvollen Mystik ermutigt uns Fray Juan, der Nacht des Glaubens, die

das Gefühl der Abwesenheit Gottes kennt, nicht auszuweichen. Denn im Dunkel des Glaubens können wir uns selber und
Gott neu begegnen.

Lieber Juan de la Cruz

Unzählige schlaflose Nächte verbinden mich sehr mit dir. Seit Monaten will ich dir dies mitteilen. Ich habe es nicht getan und wochenlang vor mich hingeschoben. Aus Angst, nicht verstanden zu werden? Aus falscher Bescheidenheit, dich den grossen Kirchenlehrer, mit meinen Problemen zu belästigen? Aus Unsicherheit, letztlich doch nicht das ausdrücken zu können, was mich zutiefst bewegt und verunsichert? Heute will ich es tun. Ich will versuchen, zu mir zu stehen. Ich will dich anteilnehmen lassen an meinem Weg durch die eigene Nacht der Menschen- und Gottesferne. Denn durch deine Gedichte habe ich in den dunkelsten Stunden meines Lebens erahnt, dass für mich einzig der Weg durch die dunklen Abgründe, innere Befreiung bewirken wird. Einen Weg, dem ich lange ausgewichen bin, weil die Angst vor der Verunsicherung und Verlorenheit in der Dunkelheit zu gross war. Irgendwann war der Leidensdruck so gross, dass ich gar keine andere Wahl mehr hatte. Deine Gedichte haben mir in manchen scheinbar auswegslosen Stunden ein Stück Halt, gegeben. Davon möchte ich dir erzählen. Von der Kraft die wenige Worte, wie zum Beispiel „auch wenn es Nacht ist"[1] bewirken können. Für mich ist ganz wichtig, in dir einen Mann und Priester zu entdecken, der es selber wagt, einen inneren Prozess zu gehen, der vor den sensiblen Seiten seines Lebens nicht davonspringt und seine weiblichen Seiten entdeckt und lebt. Deine Hymnen an die Nacht sind nicht billiger Trost auf einen neuen Morgen, sondern durchlebte innere Kämpfe, die persönliche Wandlung und Veränderung ermöglichen. Durch deine Gedichte konnte ich in meinen mir oft so sinnlos erschienenen schlaflosen Nächten eine neue Dimension der Menschwerdung geben lassen.

---

1 Johannes vom Kreuz: Die dunkle Nacht und die Gedichte. Sämtliche Werke, Band 2. Einsiedeln (Johannes) 4. Auflage 1992, 205.

Die Dimension des Loslassens, des Sterbens, um neu oder besser gesagt endlich ganzheitlicher zu leben. Der Anfang eines deiner Gedichte

„Ich lebe, ohne in mir zu leben,
und auf solche Weise hoffe ich,
dass ich sterbe, weil ich nicht sterbe."[2]

war für mich wie ein Spiegel für jahrelanges ungelebtes Leben. Ich tat und tue mich schwer, meine Grenzen, Schwächen und meine Bedürftigkeit anzuerkennen. Gefühle der Ohnmacht, Aggression, Trauer, Zweifel und Wut erlaube ich mir kaum zu leben, obwohl sie ganz klar zu mir gehören. So lebte ich lange, ohne in mir auch die feinen Seiten zu leben. Mein Leben war sehr geprägt von den Erwartungen der andern, die ich grenzenlos zu erfüllen suchte. Ein Lebensmotiv, das seit meiner Kindheit in mir fest verankert ist. Es zu durchbrechen ist sehr schwer und ist wie ein Sterbeprozess, wo alte, angelernte Lebensmuster langsam absterben, damit ein befreiterer Mensch geboren werden kann, der bewusster mit seiner Geschichte umgehen kann. Ein Prozess, der im Bauch des Fisches geschieht, im Dunkeln, Unscheinbaren. Du ermutigst dazu und besingst darum die Nacht als Ort, wo dieses neue Leben behutsam wachsen kann, weil sich in diesem Prozess Gott selber ereignet, sogar dann, wenn wir zutiefst von seiner Abwesenheit überzeugt sind. Dieses uferlose Vertrauen bringt dich selber dazu, Stufe um Stufe in die eigene Dunkelheit der Seele hinabzusteigen, „ohne anderes Licht und Geleit ausser dem, das in meinem Herzen brannte."[3] Eine Zusage, die mich innerlich sehr bewegt und die ich in einem meiner Lieblingslieder aus Taizé wieder finde „De Noche, iremos de noche, que pa-

2 Ebd. 193.
3 Ebd. 165.

ra encontrar la fuente sólo la sed nos alumbra - des nachts werden wir ziehen: um die Quelle zu finden, ist der Durst unser einziges Licht." Ja, der Durst nach einem Leben, in dem ich mehr in Einklang mit mir selber und dadurch mit Gott leben kann, ist jene Sehnsucht, die mich dazu geführt hat, mehr zu meinen Grenzen, Verletzungen, Schwächen und meinem Bedürfnis nach Geborgenheit zu stehen. In der Nacht gelingt mir dies besser als am Tag, weil da nebst der unendlichen Dunkelheit der Selbstzweifel und der grausamen Leiden unserer Welt ein kleines Licht jegliche noch so grosse Dunkelheit erhellen kann. Deine Gedichte sind für mich auch dieses kleine Licht, die den Schmerz und die Trauer nicht überspielen und mit frommen Worten überhöhen, sondern ihnen Existenzberechtigung und Heilungskraft verleihen. Sie entbrannten in mir eine neue Leidenschaft für Gedichte, die vom Geheimnis der Nacht sprechen. Es sind so viele. Rainer Maria Rilke, der an die Nächte glaubt[4]; Hilde Domin, die von der zärtlichen Nacht spricht[5]; Nelly Sachs, die sich von der Nacht in Besitz nehmen lässt[6]; Paul Celan, der von Dunkel zu Dunkel lebt[7]; Rose Ausländer, die von der unendlichen Sonnenfinsternis schreibt[8]; Erich Fried, der den Arm um die Nacht legt[9]; Georg Trakl, der vom Gesang und Wahnsinn der Nacht singt[10]; Ernesto Cardenal, der

---

4 Rainer Maria Rilke: Werke in drei Bänden. Band 1: Gedicht-Zyklen, Zürich (Ex Libris) 1966, 15.
5 Hilde Domin: Gesammelte Gedichte, Frankfurt a.M. (Fischer) 1987, 215.
6 Nelly Sachs: Gedichte, Hrsg. und mit einem Nachwort versehen von Hilde Domin, Frankfurt a.M. (Bibliothek Suhrkamp) 7. Auflage 1992, 103.
7 Paul Celan: Gesammelte Werke in fünf Bänden. Erster Band: Gedichte I, Frankfurt a.M. (suhrkamp taschenbuch 1331) 1986, 97.
8 Rose Ausländer: Blinder Sommer. Gedichte, Frankfurt a.M. (Fischer Taschenbuch 5199) 1987, 113.
9 Erich Fried: Befreiung von der Flucht. Gedichte und Gegengedichte, Frankfurt a.M. (Fischer Taschenbuch 5864) 1990, 113.
10 Georg Trakl: Abendländisches Gedicht. Gedichte, ausg. und mit einem Nachwort von Jürg Amann, München (Serie Piper 514) 1987, 19.

ohne etwas im Dunkeln bleibt[11]; und Edmond Jabès, der die Nacht in der Mitte seiner Erwartung entdeckt[12]. In ihnen allen erahne ich jene Worte des Mystikers Dionysius Areopagita, der vom Glanz aus der Finsternis spricht: „Darum sieht sich Gott nur in der Finsternis"[13]. Es sind diese Worte, die dich und viele andere Mystikerinnen und Mystiker entscheidend geprägt haben. Er fordert zum Schweigen auf, denn „je näher wir Gott sind, um so karger werden unsere Worte."[14] Diese Kargheit der Worte, eine Verunsicherung in meinem Beten hat mich in meinen schlaflosen Nächten eingeholt. Ich habe sie nicht als Gottesnähe, sondern als Gottesferne erfahren. Darum hielt ich das Schweigen auch nicht aus, weil ich darin nur auf innere Leere und Unruhe stiess. Nun weiss ich, dass ich nur durch Schreien zum Schweigen kommen kann. Deine Gedichte und deine Gedanken zur dunklen Nacht bestärkten mich, meine „Unaufhaltsamen Gebete in Stunden der Nacht"[15] aufzuschreiben und zu veröffentlichen. Deine Spiritualität der Nacht lässt mich mehr Mensch werden, weil ich vor meinem Schatten nicht mehr davonspringen muss. Zugleich fühle ich mich ermutigt, mir mehr Raum zum Schreiben zu nehmen. Denn schreibend kann ich meine Gottsuche am besten ausdrücken. Von dieser Hoffnung spricht auch der folgende Text, der an meiner Zimmertür hängt: „Macht Gebete aus meinen Geschichten, sagte der berühmte Rabbi Nachman von Bratzlaw zu seinen

---

11 Ernesto Cardenal: Meditation und Widerstand, Dokumentarische Texte und neue Gedichte, hrsg. von Hermann Schulz, Gütersloh (GTB Siebenstern 221) 1977, 55.
12 Edmond Jabès: Le Livre des Questions 2, Paris (L'Imaginaire Gallimard 214) 1991, 238.
13 Dionysius Areopagita: Ich schaute Gott im Schweigen. Mystische Texte der Gotteserfahrung, übers. und für die Meditation erschlossen von Volkmar Keil, Freiburg i.Br. (Herderbücherei „Texte zum Nachdenken" 1221) 1985, 45.
14 Ebd. 65.
15 Pierre Stutz: Dem Morgen entgegen. Unaufhaltsame Gebete in Stunden der Nacht, Luzern/Stuttgart (Rex: Theologie konkret, Bd. 4) 1992.

Anhängern. Bei Franz Kafka, seinem späteren Schüler, klang dieser Gedanke nach, als er ganz einfach erklärte, dass Schreiben gleich Beten sei."[16]

* * *

Heute habe ich verschiedenen Personen erzählt, dass es mir nun endlich gelungen ist, dir zu schreiben. Viele kennen dich nicht und jene, die dich kennen, sehen dich als schwermütigen, ernsten Menschen. Ja, lieber Juan, für viele bist du jener weltfremde Asket, der wenig Lebensfreude im Leben entdecken konnte. Auch ich habe dieses einseitige Bild von dir gehabt und jedes Mal, wenn du von Askese und Selbstverleugnung geschrieben hast, musste ich mich bemühen, weiter zu lesen. Wie du vom ersten Brief her weisst, habe ich dich deshalb nicht beiseite gelassen, weil ich in dir hinter diesen Worten soviel leidenschaftliche Sehnsucht nach echtem Leben entdeckte, dass ich dich selber kennenlernen wollte. In deinem „Lied der Liebe - Wechselgesang zwischen der Seele und ihrem Bräutigam"[17] wird spürbar, wie sinnenhaft du gelebt und gefühlt hast. Inspiriert vom biblischen Hohenlied kommt deine Sehnsucht nach Geborgenheit in der Stimme der Braut zum Ausdruck, die auch deine tiefe Verbundenheit mit der Schöpfung bezeugt:

„Wo hast du dich versteckt,
Geliebter, und hast mich seufzend zurückgelassen?
Wie der Hirsch bist du entflohen,

---

16 Elie Wiesel: Macht Gebete aus meinen Geschichten. Essays eines Betroffenen, Freiburg i.Br. (Herder) 1986, 24.
17 Johannes vom Kreuz: Das Lied der Liebe. Sämtliche Werke Band 3, Einsiedeln (Johannes) 4. Auflage 1992.

nachdem du mich verwundet hast;
ich dir nach, rufend, doch du warst gegangen …
Nach meiner Liebe suchend
werde ich diese Berge und Gestade durchqueren,
weder Blumen pflücken
noch mich vor wilden Tieren fürchten
und die Festen und Grenzen überschreiten …

Mein Geliebter, die Berge,
die einsamen, waldigen Täler,
die fremden Inseln,
die wohlklingenden Flüsse,
das Pfeifen der verliebten Lüfte!"[18]

Du widmest diese Hymne an die Liebe der Priorin Ana de Jesus, weil du mit ihr eine „besondere Freundschaftsbezie-
hung"[19] lebst und für dich Beziehungen lebensnotwendig sind.
Du sehnst dich wohl nach Einsamkeit, doch deine Gottesbeziehung führt dich zu den Menschen. So gelingt es auch Teresa von Avila, dich für ihre Reformpläne zu motivieren und du
wirst der erste „unbeschuhte" Karmelit, weil sie deine Klugheit,
deine menschliche Reife und Weisheit wahrgenommen hat.[20]
Du begleitest die Schwestern in den Klöstern mit Wohlwollen
und Humor. Die vielen Menschen, die dich aufsuchen, die
Kranken, die du pflegst, lassen dich als Menschen erfahren,
der nicht nur in der Stille, im Dichten und in den theologischen
Kommentaren die Nähe zu Gott sucht, sondern sie auch mit
viel Empathie mit den Menschen lebt. Auch beim Aufbauen
von neuen Klöstern schreckst du vor den Beschwerlichkeiten,

---

18 Johannes vom Kreuz: Die dunkle Nacht und die Gedichte, a.a.O. 169.173.
19 Ulrich Dobhan, Reinhard Körner: Johannes vom Kreuz. Die Biographie, Freiburg
    i.Br. (Herder) 1992, 127.
20 Vgl. Ebd. 65-79.

die mit den Bauarbeiten verbunden sind, nicht zurück. Auf die Frage, wie du es zwischen Kalk und Steinen aushaltest, antwortest du treffend: „Wenn ich mich mit solchen Dingen beschäftige, habe ich weniger Probleme, als wenn ich mit Menschen umgehe."[21] Weil du intensiv auf die Menschen und ihre Fragen eingehst, weisst du, wovon du sprichst. Deine Briefe[22] zeichnen von dir ein Bild, das den Menschen Veränderung zuspricht und jeden Menschen zu seinem ganz persönlichen, geistlichen Weg ermutigt. Du nimmst dir viel Zeit für die geistliche Begleitung von Menschen und scheust dich darum auch nicht, jene zu kritisieren, die nicht auch selber einen persönlichen Glaubensprozess wagen und die Menschen nicht mit innerer Freiheit begleiten, sondern an sich binden wollen und nicht auf Gott vertrauen, der längst schon im Innern des Menschen anwesend und wirksam ist:

„Wenn du dich auf nichts anderes als auf das Hobeln verstehst, das heisst, die Seele nur zu Weltentsagung und Überwindung der Begehrlichkeiten führen kannst, oder wenn du ganz Bildschnitzer bist und es vermagst, sie in heilige Meditationen einzuführen, mehr aber weisst du nicht, wie willst du dann die Seele zur Vollkommenheit eines echten Gemäldes führen? Denn das erreicht man weder durch Hobeln noch durch Schnitzen, auch nicht durch Skizzen und Entwürfe. Dieses vollkommene Gemälde ist allein das Werk des in der Seele wirkenden Gottes. Darum wird sie mit Sicherheit zurückfallen oder zumindest in ihrer Entwicklung stehenbleiben, wenn du sie immer nur das gleiche lehrst und sie an diese eine Weise bindest. Ich frage dich, was würde das denn für ein Bild, wenn in der Seele ständig gehämmert und gehobelt wird, was nichts

---

21 Ebd. 166.
22 Johannes vom Kreuz: Die lebendige Flamme. Briefe. Anweisungen. Sämtliche Werke 4. Band, Einsiedeln (Johannes) 3. Auflage 1988.

anderes ist, als ein Üben der natürlichen Seelenkräfte? Wie soll daraus ein Gemälde werden? Wann und wie gibt man endlich Gott Gelegenheit, es zu malen? Ist es denn möglich, dass du dich so auf sämtliche Künste verstehst, dass du darin so perfekt bist, dass diese Seele nichts weiter braucht als dich? Und selbst gesetzt den Fall, dass du für eine bestimmte Seele ausreichst, weil es ihr vielleicht an Begabung zum Weiterkommen fehlt, so ist es doch ganz unmöglich, dass dein Können für alle reicht, die du nicht aus den Händen lassen willst. Denn eine jede wird von Gott auf verschiedenen Wegen geführt, du wirst kaum eine geistige Anlage finden, die Gott auch nur halbwegs in der gleichen Weise führt wie eine andere."[23]

Nur wer selber diesen Weg wagt, kann auch andere begleiten.

* * *

Ein Gedanke hat mir den Zugang zu den Kommentaren deiner Gedichte immer wieder erleichtert: „Vor allem muss man wissen: wenn die Seele Gott sucht - viel dringlicher sucht Gott die Seele."[24] Diese Verheissung liess mich den Grund deiner anspruchsvollen Suche nie aus den Augen verlieren: Gott ist längst in jedem Menschen geheimnisvoll lebendig. Es kommt wohl auf die Bereitschaft zur Wandlung des Menschen an, doch die eigene Leistung des Menschen ist nicht das Entscheidende, sondern die Bereitschaft sich begleiten zu lassen. Uns allen gilt die Zusage, „dass Gott in jedem Menschen, auch im grössten Sünder, wesentlich wohnt und wirkt."[25]

23 Zit. nach Erika Lorenz: Auf der Jakobsleiter. Der mystische Weg des Johannes vom Kreuz, Freiburg i.Br. (Herder) 1991, 48.

24 Johannes vom Kreuz: Die lebendige Flamme, a.a.O. 78.

25 Zit. nach. Johannes vom Kreuz: hrsg., eingel. und übers. von Johannes Boldt, Olten (Walter „Zeugnisse mystischer Welterfahrung") 1983, 125.

Das Durchleiden der dunklen Nacht des Glaubens hat nur ein Ziel, die Vereinigung mit Gott. Dabei darf es niemals um ein apolitisches Erhöhen des Leidens gehen, sondern darum, allen Dimensionen unserer Existenz gerecht zu werden. Dazu gehört auch, dass wir einen Teil unseres Lebens erleiden, wenn wir liebens- und beziehungsfähige Menschen werden wollen.[26] Leidensmystik darf nie durch Masochismus ersetzt werden und erfordert ein neues Gottesbild. Denn das „entscheidende Moment in der Mystik des Leidens ist nicht, wie eine oberflächliche Kritik meint, seine Irrationalität, die das Leiden auf eine wunderbare Weise in ein ersehntes Gut verwandelt. Entscheidend ist vielmehr die Entmächtigung des Leidmachers durch eine Ich-Stärke, die im Leiden nicht zerstört wird."[27] Leiden also, an dem ich wachsen kann. Und wenn ich daran zerbreche?

Dein persönlicher innerer Weg lebt von der Hoffnung, die ich auch im Weg des Volkes Gottes entdecke. Ein Weg, der aus der Entfremdung in ein neues Land der Geschwisterlichkeit und Gerechtigkeit führt. Ein Aufbruch, der ohne den Durchgang durch die Wüste, seinem Ziel nicht näher kommt.[28]

Diesen inneren Befreiungsprozess eines Menschen vergleichst du mit dem Durchwachen einer Nacht, der von drei verschiedenen Phasen geprägt sein wird: dem vergehenden Tag, der intensiven Finsternis (Mitternacht) und dem anbrechenden neuen Morgen. Das Ziel dieses Weges ist der aufrechte Mensch, der besser mit seinen Mechanismen und Abhängigkeiten um-

---

26 Vgl. Das Erleiden, in: Pierre Teilhard de Chardin: Das göttliche Milieu. Ein Entwurf des innern Lebens, Olten (Walter) 8. Auflage 1979, 71.

27 Dorothee Sölle: Leiden, Stuttgart (Kreuz) 1973, 118-119.

28 Vgl. Gustavo Gutiérrez: Aus der eigenen Quelle trinken. Spiritualität der Befreiung, München/Mainz (Kaiser/Grünewald) 1986, 99: „Das Paradigma des Exodus und der Nächte des Johannes vom Kreuz verdeutlichen sich gegenseitig. Die Unterschiede im Ton dürfen uns nicht täuschen. Die historischen und persönlichen Dimensionen sind hier wie dort miteinander verwoben und ergänzen sich in einem Prozess, der in beiden Fällen nach demselben Grundschema verläuft."

gehen kann. Denn ein Leben ohne Leiden, Schwierigkeiten, Erfolglosigkeit, Angst allein dazustehen, ist ohne echte Liebe. Tiefsinnig drückt dies Dorothee Sölle aus: „Das Leben zu wählen, heisst, das Kreuz zu umarmen."[29] Diese Grundhaltung versuche ich nun auch in deinem Weg durch die Nacht zu entdecken. Sie ist für mich glaubwürdig, weil es nicht deine theologischen Spekulationen sind, sondern du deine Gedanken schmerzlich durchlebt hast. Sie sind geprägt von deiner Erfahrung im Ordensgefängnis. Deine nicht-reformwilligen Gegner nahmen dich 1577 gefangen. Neun Monate bist du unter unmenschlichsten Bedingungen im Kerker und es ist für mich schlicht unerklärlich, wie du in dieser Zeit, eben in deiner dunkelsten Nacht, deine schönsten Gedichte schreiben konntest. Immer wieder versuchen Menschen, sich in deine aussichtslose Lage zu versetzen. In einem fiktiven Tagebuch von dir kann ich lesen, was in dir vorgegangen ist: „Ich aber sass den ganzen Tag im Dunkeln und kämpfte gegen Übelkeit wegen des Geruchs. Man hatte mich in den fensterlosen Gäste-Abort gesperrt, der an den Schlafsaal für Besucher anschloss. Das geschah einfach, indem man die in den Holzboden eingelassenen zweckdienlichen Öffnungen mit einem dicken Brett bedeckte. Ein weiteres Brett erhielt ich zum Schlafen, dazu zwei Decken, das war alles. Mein Brevier hatte man mir gelassen. Ich konnte es aber nur lesen, wenn mittags die Sonne schien. Dann erstieg ich die kleine Bank, die an der Aussenwand der Zelle angebracht war, um ein wenig von dem schmalen Lichtstreifen zu erhaschen, der durch den Lüftungsspalt fiel. Draussen rauschte mächtig der Tajo, aber ich konnte ihn nicht sehen. Der Mangel an Sauberkeit machte mir mit jedem Tag mehr zu schaffen, denn niemals erhielt ich ein reines Hemd, und meinem Wächter schien es natürlich, den kleinen

---

29 Dorothee Sölle: Es muss doch mehr als alles geben. Nachdenken über Gott, Hamburg (Hoffmann und Campe) 1992, 131.

Raum weiterhin als Abort zu betrachten: manchmal versäumte er tagelang, meinen Nachttopf zu leeren ...

Ja, schlimmer als alle äusseren Leiden, schlimmer als alle Finsternis meines Kerkers war das Dunkel, das mir unaufhaltsam das Gemüt verfinsterte. Da half kein Beten, denn beim Beten erfuhr ich nur ‚Trockenheit', das Gefühl existentieller Gottesferne. Das Messelesen war mir sowieso verwehrt, und je mehr ich nachdachte, um so heftiger überfielen mich Zweifel und das Gefühl absoluter Verlassenheit. Die tiefe ‚Nacht des Geistes' hatte mich eingeholt, aber ich wusste es nicht ... Ich sollte nun praktisch lernen, was ich theoretisch wusste."[30]

Deine Erfahrung der Sinnlosigkeit hat mich zu dir geführt und mit mir kommen viele Menschen, die ausgebeutet, gefoltert, missbraucht, verachtet, entfremdet und ausgelaugt sind, um dich zu fragen, ob es möglich ist, trotz all der Perversitäten, die Menschen einander zufügen können, an das Gute im Menschen zu glauben? Die Antwort, die du deinen Kommentaren zu den Gedichten („Empor dem Karmelberg" und „Die dunkle Nacht") aufgeschrieben hast, ist radikal. Sie ist keine Symptombehandlung, kein billiger Trost, sondern geht an die Wurzeln unserer Existenz. Dies beeindruckt mich zutiefst und ich will mich durch meine eigenen Fragen, von dir begleiten lassen. Weil du selber die Spannung des gekreuzigten und auferstandenen Christus in dir lebst:

„Dieser ewige Quell ist verborgen
in diesem lebendigen Brot, um uns Leben zu geben,
auch wenn es Nacht ist.

30 Erika Lorenz: Licht der Nacht. Johannes von Kreuz erzählt sein Leben, Freiburg i.Br. (Herder) 1990, 134.135.

Er ruft herbei die Geschöpfe,
und sie sättigen sich an diesem Wasser auch im dunkeln,
da es ja Nacht ist.

Diesen lebendigen Quell, den ich ersehne,
in diesem Brot des Lebens erblicke ich ihn schon,
wenn es auch Nacht ist."[31]

* * *

„Aller à Dieu, est-ce s'enfoncer dans la nuit jusqu'à sa fin?",
fragt Edmond Jabès[32]. Ja, Gott entgegen gehen, heisst, sich
bis an das Ende der Nacht hineinzubegeben. Zu diesem
Abenteuer der Selbsterkenntnis und -werdung lädst du ein. Du
tust es, weil du aus eigener Betroffenheit, soviel Not wahr-
nimmst und du die Menschen damit nicht alleine lassen möch-
test. Ich bin dir sehr dankbar für deine Anleitungen, denn in
meiner Krise, war für mich etwas vom Schlimmsten, mich alleine mit meinen Erfahrungen zu glauben. Eine Erfahrung, die ich
mit vielen Menschen teile. Einsamkeit, Heimlosigkeit, Sinnlosigkeit und Gottverlassenheit sind die Wundmale unserer Zeit.
Du sprichst davon und ich kann mich mit vielen deiner Worte -
trotz deiner mir oft fremden theologischen Sprache - identifizieren und sie lassen mich aufhorchen, behutsam den Weg zu
meinen Verletzungen zu wagen. Ein Weg, der für mich sehr
viel mit Loslassen und Sterben zu tun hat, wie ich dir schon einmal geschrieben habe. Du hast mir geholfen, meine Revolte
gegen den Tod ein wenig abzubauen, hast mich begleitet, im
„eigenen, alltäglichen Sterben". Diese Erfahrung lässt mich
ganz anders Sterbenden begegnen, denn ich habe selber erfahren, dass Sterben zu neuem Leben führt.

31 Johannes vom Kreuz: Die dunkle Nacht und die Gedichte, a.a.O. 207.
32 Edmond Jabès: Le Livre des Questions, Paris (L'Imaginaire Gallimard 197) 1991,
   371.

Dein Aufruf, auch den Weg durch die Nacht des Zweifels zu gehen, hat ein hoffnungserweckendes Ziel, mündiges und aufrechtes Christsein:

„Wenn eine Seele sich mit Entschiedenheit dem Dienst Gottes zuwendet, pflegt Gott sie zumeist geistlich zu umsorgen wie eine liebende Mutter ihr zartes Kind: sie wärmt es an ihrer Brust, nährt es mit süsser Milch, trägt es auf ihren Armen und herzt es. Im Masse es aber heranwächst, entzieht ihm die Mutter diese Art ihrer Pflege, entzieht ihm ihre Zärtlichkeit, bestreicht die süsse Brust mit Bitterem, lässt es von den Armen herab, um es auf eigenen Füssen stehen zu lassen, damit es die Art des Säuglings ablege und sich Wesentlicherem zuwende."[33]

Auch wenn manche deiner Texte, von Selbstverneinung und Selbstverleugnung sprechen, so darf dein wesentliches Ziel nicht aus den Augen gelassen werden. Du mutest dem Menschen sehr viel zu: Loslösung von falschen Abhängigkeiten - Abziehen der Kinderschuhe des Glaubens, um auf eigenen Füssen selber das Wesentliche zu entdecken. In diesem Prozess der Selbstwerdung kommt niemand, der ihn ehrlich wagt, darum herum, auch seine Schattenseiten anzuschauen. Du nennst dies die Nacht der Sinne, wo es um die Erkenntnis eigener Mechanismen und Schuld geht. In der dunklen Nacht der Sinne nennst du die sieben Hauptlaster (Stolz, Habsucht, Unkeuschheit, Zorn, Genusssucht, Neid, Trägheit) nicht deshalb, weil du den Menschen klein und schlecht halten willst. Im Gegenteil, dir geht es z.B. wie im Enneagramm, das aus der östlichen Weisheitstradition der Sufis stammt, um das Entdecken der „Wurzelsünde"[34], damit ich meine dunklen Seiten

---

33 Johannes vom Kreuz: Die dunkle Nacht, a.a.O. 24-25, vgl. auch 43.45.
34 Richard Rohr, Andreas Ebert: Das Enneagramm. Die 9 Gesichter der Seele, München (Claudius) 14. Aufl. 1989, 27.

besser integrieren kann. Dies ist für mich - auch wenn es schmerzlich bleibt - sehr befreiend. Ich tue mich schwer, zu mir zu stehen und bin oft in Gefahr, mir etwas vorzumachen. Dein Weg ermutigt mich, meine Allmachtsphantasien loszulassen und mehr zu meinen Grenzen zu stehen. Lange brauchte ich, um dich zu verstehen. Deine Sprache tönt manchmal so weltverneinend. Deine Praxis zeigt mir, dass es dir um die Befreiung des Menschen geht; in deinen Vergleichen und Bildern sprichst du klar davon. Wer sein Leben vom HABEN leiten lässt, wird nie wirklich sich selber werden können. Auch kleinste, unscheinbare Fixierungen[35], verhindern die Loslösung von eingespielten Mustern: „Dies erscheint mir so, als wäre ein Vogel mit einem feinen statt mit einem groben Faden angebunden; auch der feine Faden hält ihn so fest wie ein grober, solange er ihn nicht zerreisst, um aufzufliegen. Wohl ist der feine zu zerreissen; doch so leicht es auch ist, zerreisst man ihn nicht, so wird man nicht fliegen."[36] Dieses Bild ist für mich zur Aufforderung geworden, die kleinen, subtilen Abhängigkeiten in meinem Leben zu entdecken. Es führt mich dazu, meine Wertordnung zu verändern und mir mehr Zeit für mich zu nehmen, um in der Stille und in den wohlwollenden Auseinandersetzungen mit andern, meine Fremdbestimmungen im Leben zu entdecken, die mich am Fliegen hindern. In diesem Prozess sprichst du von einer aktiven und passiven Seite.

* * *

---

35 Fernando Urbina übersetzt den Begriff „Begierde" mit Fixierungen. Es braucht eine reinigende Trockenheit, um sich davon lösen zu können. Vgl. F. Urbina: Dunkle Nacht - Weg in die Freiheit, zit. in: Fritz Arnold: Befreiungstherapie Mystik. Gotteserfahrung in einer Welt der „Gottesfinsternis", Regensburg (F. Pustet) 1991, 134-141.
36 Johannes vom Kreuz: Empor dem Karmelberg. Sämtliche Werke 1. Band, Einsiedeln (Johannes) 4. Aufl. 1989, 46.

In der AKTIVEN NACHT DER SINNE, geht es um den Reinigungsprozess, wie ihn auch der Psychoanalytiker Erich Fromm (inspiriert von Meister Eckhart) benennt: „Laut Eckhart ist unser Ziel als Menschen, uns aus den Fesseln der Ichbindung und Egozentrik, das heisst des Habensmodus, zu befreien, um zum vollen Sein zu gelangen ... Sein ist Leben, Aktivität, Geburt, Erneuerung, Ausfliessen, Verströmen, Produktivität."[37] Ohne Begleitung ist dieser schmerzliche Weg nicht möglich. Denn wer sich in die Stille wagt, dem begegnen nicht nur Alltagsgedanken. „Alles, was im Laufe der Jahre ins persönliche Unbewusste verdrängt, ‚unter den Teppich gekehrt' wurde, fühlt sich jetzt ermutigt, auf der inneren Bühne seinen Platz einzunehmen."[38]

Auf diesem Weg versuche ich nun zu gehen, lieber Juan, und deine Zusage, dass es wohl auf meine Schritte ankommt, aber letztlich Gott begleitet, hilft mir, Vertrauen in den eigenen Prozess zu haben. Du nennst dies die PASSIVE NACHT DER SINNE, der Übergang von der Meditation zur Kontemplation: „Das Verhalten in der Nacht der Sinne aber besteht darin, dass man sich nicht länger mit Nachdenken und Meditieren befasst, denn dafür ist jetzt die Zeit nicht mehr. Man halte vielmehr die Seele in Gelassenheit und Ruhe, auch wenn es den Anschein hat, man täte nichts und verliere seine Zeit ... alles was man tun soll, ist, die Seele unbehindert von allen Begriffen und Gedanken freizuhalten, ohne sich zu kümmern, was man bedenken oder betrachten soll, sich benügend mit einem liebenden ruhigen Aufmerken auf Gott, ohne Besorgnis, ohne den Wunsch, ihn zu kosten oder zu fühlen."[39] Dieses liebevolle Aufmerken zu Gott ist das Entscheidende in diesem oft

---

37 Erich Fromm: Haben oder Sein. Die seelischen Grundlagen einer neuen Gesellschaft, Stuttgart (dva) 1976, 68.69.
38 Willigis Jäger: Suche nach dem Sinn des Lebens. Bewusstseinswandel durch den Weg nach innen. Vorträge - Ansprachen - Erfahrungsberichte, Petersberg (Via Nova), 1991, 100.
39 Johannes vom Kreuz: Die dunkle Nacht, a.a.O. 53.

schmerzlichen Prozess: „Sie mögen es lernen, in liebevoller Aufmerksamkeit Gott zugewandt in jener Ruhe zu verweilen, und sich nicht mit der Einbildungskraft und ihrem Wirken abgeben; denn, wie gesagt, nun ruhen die Kräfte, und sie verhalten sich nicht mehr aktiv, sondern passiv, indem sie aufnehmen, was Gott in ihnen wirkt."[40] Dies sagst du so leicht. Sprichst du so oft davon, weil du selber ein Leben lang um dieses liebende Aufmerken gerungen hast? Wenn ich dein Leben anschaue, dann sehe ich darin dieses ständige innere und äussere Unterwegssein, das lebt von Sehnsucht nach Ankommen, Vereinigung mit Christus. Auch diesen Weg versuchst du konsequent zu gehen und du scheust dich nicht, eine bestimmte religiöse Praxis in Frage zu stellen.

In der AKTIVEN NACHT DES GEISTES hinterfragst du fixierte Frömmigkeitsformen, Heiligenbilder und festgefügte Gottesbilder, indem du einlädst Abschied zu nehmen von einem falschen, religiösen Sicherheitsdenken. Es wird möglich, wenn der Mensch seine drei Seelenkräfte Verstand, Gedächtnis und Wille immer wieder in Glaube, Hoffnung und Liebe verwandeln lässt:

* Der Verstand, der Ungerechtigkeit und Machtstreben (auch im Religiösen) wahrnimmt und trotzdem die Welt mit den Augen des Glaubens, d.h. der Vision einer gerechteren und zärtlicheren Welt sieht.

* Das Gedächtnis, dass sich nicht nur der Vergangenheit (auch schmerzlichsten Kindheitserfahrungen) zuwendet, sondern durch die Hoffnung, sich an Befreiungserfahrungen (Exodus) erinnert und sie weitererzählt.

* Der Wille, der sich nicht durch religiöses Leistungsdenken den Himmel erkaufen muss, weil Gottes Liebe grösser ist als unser Herz.[41]

---

40 Johannes vom Kreuz: Empor dem Karmelberg, a.a.O. 109. Vgl. auch 124.
41 Vgl. Johannes vom Kreuz: Die dunkle Nacht, a.a.O. 150.

Dieser anspruchsvolle und befreiende Weg hat leider nichts an Aktualität verloren. In unserer kirchlichen Umbruchphase ist es für mich wichtig, dich Juan, als Kirchenlehrer zu kennen, der eine offene Kirche vertritt, die wohl aus dem Geist der Tradition lebt und sich von der Tradition inspirieren lässt, die jedoch nicht an Formulierungen und Äusserlichkeiten festhält, und Gott immer neu entdeckt, deutet und feiert. Diese Grundhaltung der Offenheit führt zur schmerzlichsten und befreiendsten Phase, zur PASSIVEN NACHT DES GEISTES, ZUR NACHT GOTTES. Du denkst so gross vom Menschen, dass du ihm zumutest, sogar Gott immer wieder loszulassen, um die Beziehung zu ihm lebendig bleiben zu lassen. Denn das Schlimmste, was einer Beziehung geschehen kann, ist Gewöhnung aneinander. In deinem Leben, in deinen Beziehungen steht die Wandlung im Zentrum. Dieses Ideal verbindet mich mit dir, obwohl ich mitten in diesem Prozess bin und darum oft mehr die Nacht, als das anbrechende Licht wahrnehme. Viele deiner Gedankengänge treffen auf meine Situation zu. Du sprichst von körperlichen Leiden und sozialen Bitterkeiten, die auf diesem Weg anzutreffen sind. Es tut mir gut, wahrzunehmen, dass dies leider dazugehört. Auch die grosse Verunsicherung in der religiösen Praxis, die Unfähigkeit, so zu beten wie bisher, sind für dich hoffnungsvolle Wandlungszeichen. Mein schlechtes Gewissen will mir sagen, dass ich nicht mehr so radikal bin. Du unterscheidest klug zwischen Lauheit und Trockenheit. Wenn man an göttlichen Dingen keine Lust mehr verspürt, ersieht man daraus, „dass solcher Mangel an Geschmack und solche Dürre nicht der Lässigkeit und Lauheit entspringt; besteht doch das Wesen der Lauheit darin, sich um die Dinge Gottes nicht zu kümmern und innerlich nicht darum besorgt zu sein ... Zur Zeit der Dürre in der sinnlichen Nacht, da Gott den besprochenen Wandel schafft und die Seele vom Sinnlichen weg zum Geistigen, vom nachdenkenden Betrachten zur Beschauung der göttlichen Dinge führt, wo sie mit ihren eigenen Fähigkeiten nichts mehr wirken und erinnern kann, leiden die geistlichen Menschen grosse Qual. Und dies nicht bloss ob der Dürre, sondern wegen des Argwohns, sich auf diesem Weg verirrt zu haben. Ihnen scheint, sie hätten alle geistlichen Güter verloren, Gott hätte sie im Stich gelassen, da sie an nichts Gutem mehr Halt und Trost finden können ... Finden solche in dieser Zeit niemanden, der sie versteht, so machen sie Rückschritte."[42] Dieser letzte Gedanke wird zur entscheidenden Schlüsselfrage. Deine Mystik der Nacht lässt die Menschen nicht allein, sondern du selber hast unzählige begleitet und ermutigt. Bis heute bist du darum all jenen nahe, die wie du harte Schicksalsschläge verarbeiten müssen. All jene, die an Gottes Abwesenheit leiden und mit ihm ringen, finden in dir einen Sympathisanten. So erstaunt es nicht, dass du als biblische Zeugen Jakob, Ijob, Jeremia und Jona anführst. Ich fühle mich von dir verstanden, obwohl ich vieles nur zaghaft in mir nachvollziehen kann. Doch in meinen schlaflosen Nächten, wo ich nach Sinn schreie, höre ich durch deine Gedichte und deine vertiefenden Kommentare von jener Wirklichkeit, die oft wie vernebelt scheint: vom Anbrechen eines neuen Morgens.

* * *

Bei der intensiven Begleitung eines Aidskranken zum Sterben half mir deine Wegleitung durch die Nacht. Ohnmächtig dabei zu sein, wenn der Körper eines jungen Menschen brutal zerstört wird und der soziale Tod droht, bringt all die Fragen, die du in der Nacht der Sinne beschreibst. „Was bleibt nun von meinem Leben?" war die brennende Frage, die zur Nacht des Glaubens führte, die von Revolte, Wut und Nichtwahrhabenwollen geprägt war. Dank deinen Worten habe ich nicht

---

42 Ebd. 47.51-52.

nach einer Antwort gesucht, sondern ich ging mit dem Sterbenden den Weg durch sein Leben, damit er ehrlicher zu sich, seinen dunklen und hellen Seiten stehen konnte. Welch ein Widerspruch, in diesem schmerzvollen Prozess der Nacht Gottes, ereignete sich intensivstes Leben. Je näher der Tod sich abzeichnete, umso mehr konnte der Sterbende loslassen. Kurz vor seinem Tod fragte ich ihn, ob ich ihn segnen dürfe. Lange schaute er mich an und nickte. Ich sprach ihm das Gute zu, dass wir neu in seinem Leben entdeckt hatten: das Wohlwollen Gottes. Beim Abschied sagte ich ihm „ich wünsche dir...". Dann blieben mir die Worte im Halse stecken. „Ja, was soll ich dir wünschen?", fragte ich ihn. Ringend um Worte, gab er mir sein Testament zur Antwort: „Wünsche mir, dass ich ja sagen kann zu meinem Leben, dankbar bin und loslassen kann." Einige Stunden später konnte er gelassen sterben und ich sehe in seinen Worten eine Antwort auf die Frage nach unserem Lebenssinn. Dein radikales Ernstnehmen der eigenen Nacht hilft mitzuleiden mit all den Menschen, denen diese Zuversicht fehlt. Das Aushalten dieses Schmerzes verbindet mit Christus. Denn er selber ging hinein in jene dunkle Nacht, die die in Auschwitz ermordete Edith Stein - inspiriert von dir - auch beschreibt: „Darum darf die Seele Trockenheit und Dunkelheit als glückliche Anzeichen ansehen: als Anzeichen, dass Gott daran ist, sie von sich selbst zu befreien ... Kein Menschenherz ist je in eine so dunkle Nacht eingegangen wie der Gottmensch in Gethsemani und auf Golgotha. In das unergründliche Geheimnis der Gottverlassenheit des sterbenden Gottmenschen vermag kein forschender Menschengeist einzudringen."[43] Wenn wir dem eigenem Leiden im Sprung in die eigenen Abgründe nicht ausweichen, so ist dies ein klarer Protest gegen

43 Edith Stein: Im verschlossenen Garten der Seele. Ausgew. und eingel. von Andrés E. Bejas, Freiburg i.Br. (Herderbücherei „Texte zum Nachdenken" 1359) 1987, 73.74.

die Diktatur der Konsumwelt, die uns auf oberflächliches Lächeln programmieren will. „Sie drängt in die praktische Solidarität mit jenen Armen, für die Armut gerade keine Tugend, sondern Lebenssituation und gesellschaftliche Zumutung ist."[44] Du, Juan erinnerst uns durch dein Leben und dein Werk, dass der Weg zur mystischen Vereinigung nur in Solidarität mit all jenen geschieht, deren Vertrauen und Hoffnung, durch Krieg, Brutalität, Vereinsamung, Ausbeutung durchkreuzt worden ist. Denn nur auf dem „Weg schmerzhafter Dunkelheiten gelangt der mystische Mensch schliesslich zur Einheit mit Gott, zum Mitgekreuzigt-Werden und Mit-Auferweckt-werden mit Christus."[45] Es ist jene Verheissung, von der schon Paulus spricht und die mich be-wegt weiterzugehen: „Nicht mehr ich lebe, sondern Christus lebt in mir." (Galater 2,20) Es ist jene Sehnsucht, von der du in deiner 4. Romanze schreibst:

„Und Gott würde Mensch,
und der Mensch würde Gott,
und er würde mit ihnen wandeln,
essen und trinken.

Und er bliebe mit ihnen unaufhörlich
der gleiche,
bis sich vollendete
die laufende Weltzeit …

der eine in dem andern lebt,
so würde auch die Gattin sein,
die, in Gott versunken,
das Leben Gottes lebte."[46]

44 Johann Baptist Metz: Zeit der Orden? Zur Mystik und Politik der Nachfolge, Freiburg
   i.Br. (Herder) 1977, 50.
45 Fritz Arnold: Befreiungstherapie Mystik, a.a.O. 142.
46 Johannes vom Kreuz: Die dunkle Nacht, a.a.O. 223.

So vieles möchte ich dir noch schreiben, doch ich kann es noch nicht. Zu nahe gehen mir deine Gedanken, weil ich selber noch mitten in diesem Wandlungsprozess bin. Auf dieser Suche nach einem neuen Stück Identität will ich nicht vergessen, dass du nicht nur einen Weg nach innen mit aller Konsequenz gewagt hast, sondern auf dieser Reise „den wilden Mann"[47] in dir entdeckt und gelebt hast. Das Leiden und die Qualen deiner brutalen Gefangenschaft nimmst du nicht einfach als gottgewollt hin und so wagst du eine spektakuläre Flucht. Zwei Hauptschwierigkeiten zeigen sich dir: „die Tür der Gefängniszelle in der Nacht aufzubrechen und aus dem Fenster auf die Mauer zu springen, die sehr schmal ist und steil abwärts fällt."[48] Du knüpfst zwei Decken aneinander und musst doch noch einen zwei Meter hohen Sprung wagen. Du tust es und suchst Zuflucht bei dir wohlgesinnten Schwestern und erholst dich während neun Monaten. Danach setzt du dich noch entschiedener für die Reform ein und bist oft unterwegs. Du schreibst deine mystischen Erfahrungen auf, gründest Klöster, packst selber mit an beim Bauen und bist um die 25 - 30000 Kilometer zu Fuss unterwegs. Wer dich als vergeistigen, grüblerischen Menschen darstellt, hat wirklich nichts von dir und deiner Leidenschaft für die Gute Nachricht begriffen. Du übernimmst wichtige Ämter im Orden, doch im entscheidenden Moment exponierst du dich für deinen Ordensbruder J. Garcián, den Vertrauten von Teresa, und verlierst dadurch deine Ämter und erlebst nochmals schreckliche Demütigungen von deinen Gegnern. Deinen langen Atem der Hoffnung, der dich während 25 Jahren kämpfen liess, verlierst du auch im Sterben nicht. Gut tut mir, wie du zu deinen Verletzungen stehst: „Mutter Priorin, ich werde nicht zum Provinzial gewählt werden, wie

---

47 Vgl. Die zwei Reisen, in: Richard Rohr: Der wilde Mann. Geistliche Reden zur Männerbefreiung, München (Claudius) 5. Aufl. 1987, 37-44.
48 Ulrich Dobhan, Reinhard Körner: Johannes vom Kreuz, a.a.O. 91.

Sie das wünschen. Beim Kapitel wird es mit mir ganz anders kommen, als Sie und andere es denken. Im Gebet ist mir sehr deutlich klar geworden, dass man mich wie einen alten Küchenlappen in die Ecke werfen wird."[49] Auch zu deinen Grenzen stehst du und schreibst am Ende eines Briefes kurz und bündig „ich mag einfach nicht"[50]. Weil du deine sensiblen Seiten in zölibatären, freundschaftlichen Beziehungen lebst, kannst du dich auch kraftvoll für mehr Menschlichkeit ein- und aussetzen. Darin fühle ich mich dir sehr verbunden, weil dich dein Beseeltsein von Gott kennzeichnet: „einer zu sein, der tief in sich die Sehnsucht nach Gott, das Verlangen zu Ihm heimzukehren, spürt, und sein Leben und Tun von diesem Verlangen und der Erfüllung dieser Sehnsucht bestimmen lässt."[51] Mehr denn je braucht es Menschen, die wie du „verrückt für Möglichkeiten"[52] kämpfen, was für Sören Kierkegaard glauben bedeutet. Glauben verstanden als Gottespassion, die von Gott nicht billiges Glück erwartet, sondern die Kraft, um „gesellschaftskritische und befreiende Fragen und Perspektiven ins Spiel"[53] bringen zu können. Denn in einer Welt, wo Trauer, Schmerz, Ohnmacht, Verzweiflung weiterhin so verdrängt werden, muss der „Widerstand gegen den Tod des Menschen", der in der Gottespassion verwurzelt ist, neu auferstehen. Dass du mich zu diesem Widerstandskampf, auch in unserer Kirche, immer neu anstachelst, lässt mich weiterziehen, wenn es auch Nacht ist. Dieses Vertrauen verbindet mich dir

pierre

49 Ebd. 179.

50 Erika Lorenz: Licht in der Nacht, a.a.O. 186.

51 Wunibald Müller: Ekstase. Sexualität und Spiritualität, Mainz (Grünewald) 1992, 44.

52 Sören Kierkegaard: Die Krankheit zum Tode. Der Hohepriester - der Zöllner - die Sünderin, Gütersloh (GTB Siebenstern 422) 1978, 35.36.

53 Johann Baptist Metz, Tiemo Rainer Peters: Gottespassion. Zur Ordensexistenz heute, Freiburg i.Br. (Herder) 1991, 45.60.

II. Das Unsagbare sagen

Was Mystik ist, lässt sich nicht allgemein beantworten. So etwas wie „die" Mystik gibt es nicht. Sie erscheint immer erst im Licht ihrer Interpretationen; Mystik gewinnt ihre jeweilige Bedeutung in der persönlichen Beschäftigung und Auseinandersetzung mit ihr. Im folgenden möchte ich deshalb kurz zu umreissen versuchen, aus welcher persönlichen Perspektive ich über Mystik schreibe und welche Bedeutung ich ihr gebe. Meine Ausgangslage ist nicht die eines Gläubigen, auch nicht die der Theologie oder der Seelsorge. Ich suche in der Mystik weder Wiederherstellung oder Vertiefung einer Gottesbeziehung, noch Antworten auf existentielle Fragen und Nöte. Der Umstand, dass ich die theologischen Voraussetzungen der Mystik zwar gedanklich nachvollziehen, nicht aber persönlich übernehmen kann, wirft nur schärfer die Frage auf, was mich dann an der Mystik festhält. Tatsächlich ist aber meine Haltung gegenüber der Mystik nicht bloss die kühle Distanz des interessierten Wissenschaftlers, auch wenn ich primär von dieser Seite an sie herangehe. Es gibt Elemente der Mystik, die mir sehr nahe liegen. Ein solches ist beispielsweise die Problematisierung der Gottesbeziehung in der Mystik, die damit die Theologie in Frage stellt. Gott ist für die Mystiker nicht selbstverständlich gegeben und begreifbar. Im Gegenteil: Erst in der Verneinung ist er erfahrbar, im Extremfall sogar nur als abwesender Gott. Mystik beinhaltet also immer auch das Moment der Skepsis gegenüber einfacher Gotteserfahrung und religiösem Trost. Diese mystische Skepsis kann mir - selbst im Grenzbereich des Atheismus - ungleich viel mehr sagen, als eine unproblematisierte Religiosität.

Entsprechend leicht kann ich mich mit dem Konflikt identifizieren, den die Mystiker durch ihre Problematisierung mit der Orthodoxie, der sogenannten „Rechtgläubigkeit", eingegangen sind. Denn im Gegensatz zu ihr fordern die Mystiker, dass Re-

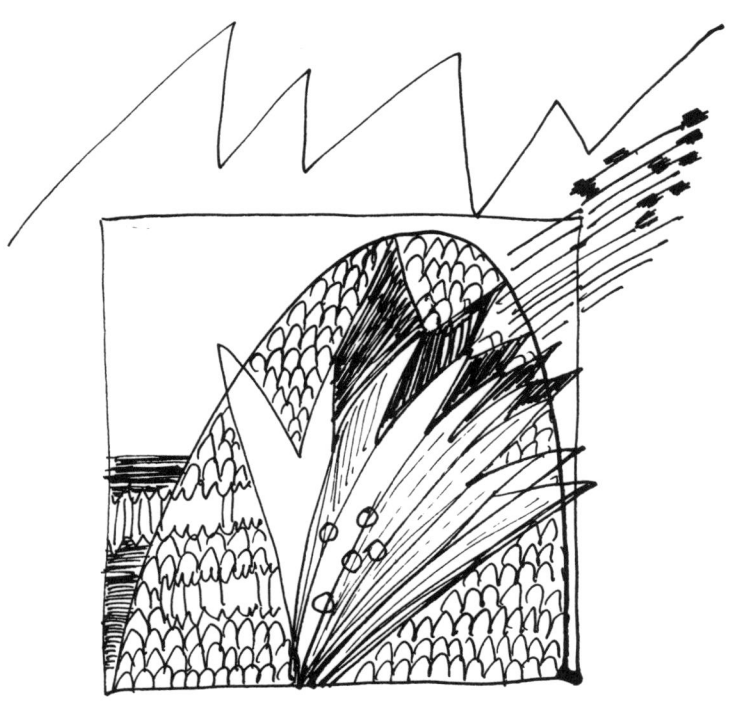

ligiosität nicht festlegbar, objektivierbar, normierbar, dogmatisierbar und institutionalisierbar ist, sondern nur die persönliche und subjektive Erfahrung eines Einzelnen sein kann. In der Mystik behält Religiosität eine ursprüngliche Ungezähmtheit, Wildheit und Freiheit. Sie vermag darin teilweise sogar die kulturellen Grenzen zwischen den Religionen zu überschreiten. Um dem Ausdruck zu verleihen, vermeide ich bewusst die Akzentuierung auf eine christologische Mystik und setze meinen Dialog im Zwischenbereich der Religionen an, indem ich einen jüdischen und einen christlichen Mystiker - ohne konfessionelle Konkurrenz - zusammentreffen lasse.

Die Skepsis und Provokation der Mystik gilt aber nicht bloss der Orthodoxie, sondern auch einer modernen und aufgeklärten Zeit, die sich erklärtermassen von aller Religion losgesagt hat. Zusammen mit dieser „nachreligiösen" Moderne, zu der ich mich im weitesten Sinne zähle, lasse ich mir von der Mystik sagen, Religion zwar insoweit zu kritisieren, als sie in der Zwangsjacke der Kirche, der Institution und der „Rechtgläubigkeit" auftritt. Dagegen bietet sich die Mystik als eine alternative, freiere Form der Religiosität an, welche auch einem kritischeren Denken gemäss sein kann. Ich stelle mich hierin auch gegen die Tendenz, Mystik als Inbegriff von Unvernunft und Rückständigkeit abzutun und dem vernünftigen Denken unserer Moderne als dasjenige entgegenzusetzen, wovon wir uns doch endlich befreit haben sollten.

Das wiederum heisst aber nicht, dass ich in der Mystik eine pauschale Antwort auf die Probleme einer religiös entwurzelten Generation sehe. Ich distanziere mich damit auch von den New Age Nachbetern der Mystik, welche an sie mit der Erwartung herangehen, mit dem Rückgang zu einem Irrationalen über soziale Entfremdung und religiöse Entwurzelung hinwegzutrösten, welche das rationale Denken der Technik, der Wirtschaft und der Politik zur Folge hatte. Die unkritische Feier der Mystik als Ausweg aus der „Sackgasse der Moderne" in eine heile Welt-, Menschen- und Gottesbeziehung, als Rückzug in Quietismus, als Schwärmerei und Irrationalität oder als seelisches Beruhigungsmittel, lehne ich ab. Die wäre an der Mystik vorbeigedacht, will sie doch - und dieser Punkt ist mir wichtig - eben dies problematisieren. Mystik ist kritisch gegenüber einfachen Lösungen und zeigt deren Schwierigkeiten auf. Mystik ist immer auch verbunden mit Kritik und Skepsis.

Unter den Schwierigkeiten, welche die Mystik aufzeigt, möchte ich diejenige besonders hervorheben, welche im Zentrum meines Interessens an der Mystik steht: Die Problematisierung des religiösen Sprechens. Die Mystik hebt immer wieder hervor, dass es da eine Schwierigkeit gibt, über dasjenige zu reden, welches man nicht vergegenständlichen und in Begriffe fassen kann, was einem unter Umständen entgleitet und abhanden kommt: Gott. Die Mystik formuliert dieses Problem im Paradox, das Unsagbare zu sagen. Das Paradox besteht darin, dass Gott zwar keinem Sprechen zugänglich ist, die Mystik aber dennoch nach Sprachformen sucht, von Gott zu sprechen. Dieses spezifisch mystische Sprechen besteht aus den Anstrengungen und Bemühungen, im Bewusstsein aller Schwierigkeiten sich an das Unsagbare anzunähern. Es windet und wendet sich in schwierigen Sprachformen, beispielsweise in Verneinungen oder in Paradoxien, dieses Unsagbare sprachlich erlebbar zu machen. Mystik ist das unabschliessbare Gespräch über ein sich dem Sprechen Verschliessendes. In dieser spezifischen Haltung der Mystik gegenüber der Sprache zeigt sich deutlich ihre skeptische, sogenannte „negative" Theologie, die, wenn sie vom unnennbaren Gott redet, auch damit rechnet, „die" Sinnfrage par excellence nicht beantworten zu können. Die mystische Sprachskepsis zielt somit auf einen Pessimismus, der auch einem kritischen Denken genügen kann.

Wenn die Mystik das Sprechen über Gott und das Sprechen überhaupt problematisiert, kann auch das Sprechen über die Mystik selbst kein Leichtes sein. Es ist nicht möglich, die

Schwierigkeiten, die die Mystik am religiösen Sprechen aufzeigt, einfach aufzulösen, indem man sie etwa in eine leicht bekömmliche Alltagssprache übersetzt. Das kritische Anliegen der Mystik ginge dabei verloren. Das soll nicht abschrecken, sondern umgekehrt dazu einladen, sich auch auf diese Schwierigkeiten einzulassen. Denn weshalb soll die Mystik etwas sein, mit dem man sich, wie wir es uns von andern Themen vielleicht etwas zu sehr gewöhnt sind, auf einfache Weise auseinandersetzen könnte? Mystik ist nichts, mit dem man „leicht fertig" werden kann. Gerade dies ist das notwendig herausfordernde Moment bei der Beschäftigung mit der Mystik; es geht um etwas, das einem immer wieder aus dem Blick gerät, das sich einem entzieht, um das man sich windet und mit dem man sich abmüht. Die Paradoxie, welche im Sagen des Unsagbaren und in der Unabschliessbarkeit dieser Aufgabe liegt, strahlt als Schmerz oder Anstössigkeit auf die eigene Auseinandersetzung der Mystik aus, um damit keine leichte Aufgabe zu haben. Doch braucht man sich nicht eben zu beunruhigen, wenn einem auch einmal ein Wort im Halse stecken bleibt, im Gegenteil: Erst dieses Stocken und diese Schwierigkeit macht etwas von der Mystik erfahrbar. Denn nach der Mystik ist die Aufgabe der Sprache mit dem Sprechen nicht beendbar. Jedes Sprechen ist immer nur vorläufig. Die Aufgabe des Sprechens geht über in Auf-geben und Weg-geben des Sprechens.

Im provisorischen Sprechen der Mystik zeigt sich die Leidenschaft und das Begehren für ein Ungreifbares, von dem man sich - ich weiss nicht, mit welchem Recht, mit welcher Hoffnung oder mit welcher Illusion - vieles, vielleicht sogar alles verspricht. Dieses Versprechen, das man sich von jenem Unsagbaren macht, spiegelt nochmals die Schwierigkeit eines Sprechens, das eben ein Versprechen ist, ein Sich-Versprechen, ein verfehlendes Sprechen oder ein Fehlsprechen. In ihm verschwindet der mystische Gegenstand, gerade weil er sich offenbart, und er offenbart sich, gerade weil er verschwindet. Darin spricht ein ebenso unermüdliches wie unbefriedigbares Suchen, Fragen und Nachfragen. Man könnte dieses Nachfragen auch „unsere Ideale" nennen, oder unser Wollen, Wünschen und Begehren. Es ist wie das Sprechen ein Begehren, welches im Versuch, diesem Begehren Ausdruck zu verleihen, immer und immer wieder verzögert, verschoben und verfehlt wird, bis es als schmerzliche Erfahrung zu verschwinden droht, und in unseren Händen von der Mystik nichts als ein kleiner, einfacher Text übrigbleibt, als eine Schlaufe und ein Umweg, den sich unser Begehren genommen hat, sich selbst in den Symbolen des Unsymbolisierbaren darzustellen.

Das folgende Gespräch zwischen Meister Eckhart und Abraham Abulafia ist der Versuch, etwas von dieser mystischen Schwierigkeit und Leidenschaft aufzuzeigen, ein Unsagbares zu sagen. Es schildert das Bemühen dieser zwei, sich von verschiedenen Seiten her an jenes Verborgene und Unsagbare anzunähern, ohne es je entgültig be-greifen zu können. Der Diaolog zwischen Eckhart und Abulafia möchte etwas vom endlosen Gespräch der Mystik erfahrbar machen, von jenem Gespräch, das keine Dogmen, kein Wissen, keine Antworten vorgeben will, sondern das Ungreifbare in seiner Ungreifbarkeit zu belassen versucht, wenn er dieses im Leiden darüber und in der Leidenschaft danach aufscheinen lässt.

Wie Tropfen gefallen in den unendlichen Ozean

Ein bisher unbekanntes Gespräch zwischen
Meister Eckhart und Abraham Abulafia
aus dem vierzehnten Jahrhundert.
Erstmals übersetzt und herausgegeben von A.B.C.

Einleitung des Herausgebers

Viele Stockwerke unter der Erde in der Pariser Nationalbibliothek, jenem grossartigen Labyrinth der europäischen Geistesgeschichte, reihen sich Regal an Regal Bücher und Handschriften, die teilweise seit Jahrhunderten nicht mehr berührt worden sind. Dort war es, wo ich auf jenen silbergrauen Umschlag gestossen bin, welcher mit dem Namen „Abraham Abulafia" angeschrieben war. Und darunter stand kaum mehr leserlich geschrieben: „Jüdischer Mystiker und Kabbalist". Mit grosser Neugier öffnete ich vorsichtig den vor Alter mürben Umschlag, und da fiel mir jenes goldig-vergilbte einzigartige Manuskript in die Hände, über dessen Existenz ich bis anhin nicht den geringsten Hinweis gehört hatte. Die lateinische Handschrift trägt den Titel: „sicut stillae quae cadunt in immenso pelago. ita dialogus iste inter magistrem eccardus et rabbi avraham abulafia in cabbalae hebreaorum magister." Das bedeutet auf Deutsch: „Wie Tropfen gefallen in den unendlichen Ozean. Ein Gespräch zwischen Meister Eckhart und Rabbi Abraham Abulafia, Meister in der Kabbala der Hebräer". Was da vor mir lag, und was hiermit zum ersten Mal veröffentlicht wird, ist ein Gespräch über Mystik zwischen einem christlichen und einem jüdischen Mystiker - zweifellos ein einmaliges Zusammentreffen in einer Zeit zunehmender religiöser Anfeindungen der Christen gegen die Juden, und deshalb ein einzigartiges Dokument des gegenseitigen geistigen Austausches. Ob dieses Gespräch tatsächlich stattgefunden hat, konnte ich nicht mit befriedigender Sicherheit feststellen. Damals war die Pseudoepigraphie sehr verbreitet, das heisst die Veröffentlichung von Texten unter dem Namen von bekannten Persönlichkeiten, wie zum Beispiel Eckhart oder Abulafia. Der Inhalt des Gespräches lässt aber vermuten, dass es echt sein könnte. Zwar geht das Gespräch im Einzelnen auch darüber hinaus, was man bis jetzt von beiden kennt, doch bewegt es sich grundsätzlich in der gedanklichen Welt der beiden Mystiker. Zudem ist es auch historisch durchaus möglich, dass sich Meister Eckhart und Abraham Abulafia persönlich begegnet sind, betrug doch ihr Altersunterschied nur zwanzig Jahre. Wohl konnte ich auch hierüber keine letzte Gewissheit erlangen und es muss im Dunkeln bleiben, wo und wann genau das Gespräch stattgefunden hat. Ich kann aber die Vermutung äussern, dass sich die beiden möglicherweise 1313 in Paris getroffen haben. Diese Vermutung geht aus dem Gespräch selbst hervor, genauer aus dem geschichtlichen, geistigen und biographischen Umfeld, auf welches das Gespräch verweist. Dieses Umfeld möchte ich jetzt kurz nachzeichnen, damit das Gespräch leichter verständlich wird.

Paris war im 13. und 14. Jahrhundert, neben Oxford und Bologna, eines der wichtigsten Zentren der mittelalterlichen Philosophie. Dabei spielte die Entstehung der Universität, der „Sorbonne", eine grosse Rolle. Wo vorher vor allem innerhalb der Klostermauern gelernt wurde, konnte an den neu gegündeten Universitäten unabhängig von klösterlicher und bischöflicher Kontrolle studiert werden. Dabei wurde nicht nur Theologie, sondern auch zunehmend Philosophie gelehrt. Seit den sogenannten Neuplatonikern der Spätantike - von Plotin (+ 270) bis Augustinus (+ 431) - war Platon zum Philosophen der christlichen Welt erklärt worden. Die Neuplatoniker gaben der antiken platonischen Philosophie eine christliche Ausrichtung, schien sie doch wie keine andere mit dem christlichen Denken vereinbar zu sein. So konnte sich die christliche Auffassung von zwei Welten, einem Diesseits und einem Jenseits, einem irdischen „Staat" und einem „Gottesstaat", auf die platonische Ideenlehre stützen, denn diese setzte der irdischen, materiellen und geschaffenen Welt der Vielheit die göttliche Ideale und ungeschaffene Welt des Einen entgegen. Was allerdings im 13. Jahrhundert an den neuen Universitäten zunehmend studiert wurde, war weniger der christianisierte Platon der Neuplatoniker, sondern mehr und mehr die rationale Philosophie des Platonschülers Aristoteles. Aristoteles' Philosophie war jedoch nicht problemlos mit (der christlichen) Religion vereinbar. Nicht nur war sie im Unterschied zu Platons philosophischer Bildersprache in abstrakteren Begriffen formuliert, sondern stellte vor allem die Unsterblichkeit der Seele und somit die Zurechenbarkeit von Schuld im Jenseits in Frage und forderte die jüddisch-christliche Lehre der Schöpfung durch Gott mit der Idee einer ewigen, von Gott unabhängigen Welt heraus. So wurde Aristoteles noch 1231 verboten, doch 1255 in das offizielle Programm der Pariser Universität aufgenommen, wenn auch alles andere als unumstritten. Man nennt dieses Zusammentreffen zwischen mittelalterlicher Theologie und aristotelischer Philosophie „Scholastik"; Thomas von Aquin (+ 1274) war ihr bekanntester Vertreter. Doch war Aristoteles' Philosophie nicht in Reinform gegenwärtig. Einerseits durchmischten sich Elemente aristotelischer und platonischer Philosophie, andererseits bemühte man sich, wie das schon mit Platon geschah, um eine christliche Auslegung von Aristoteles. Besonders interessant ist dabei auch, auf welchem Weg die aristotelische Philosophie ins christliche Denken eingeflossen ist. Die ersten, welche Aristoteles ins lateinische Mittelalter vermittelten, waren die arabischen Philosophen Spaniens, Avicenna (+ 1037) und Averroes (+ 1198). Vor allem auf den letzteren stützt sich dann der jüddische Philosoph Rabbi Mosche ben Maimon (+ 1204), auf

116

lateinisch Maimonides genannt. Sein „More Nevuchim", auf Deutsch „Führer der Verwirrten" (1190) war zusammen mit den beiden arabischen Philosophen eine der wichtigsten Quellen für die Beschäftigung der christlichen Philosophie (zum Beispiel Thomas von Aquin) mit Aristoteles. Denn er stellt sich darin dem Problem, wie der alte Glaube der jüdischen Religion, der sich auf die Torah stützt, mit dem (aristotelischen) philosophischen, rationalen Denken vereinbar sei. Es war dies eine der leidenschaftlichsten Fragen dieser Zeit, nähmlich die gegenseitige Infragestellung von Philosophie und Theologie, von Vernunft und Glaube. Maimonides stellte sich sowohl der „Verwirrung", welche die biblische Sprache und ihre Gleichnisse bei einem philosophisch Denkenden auslösen mussten, wie umgekehrt der Verunsicherung, welche das philosophische Denken für den Glauben bedeutet. Maimonides' Lösung lag in seinem Grundsatz, dass in den bildhaften Gleichnissen der Torah ein philosophischer Sinn verborgen liegt. Er beruft sich dazu auf ein Gleichnis von Salomon (Spr 25,11): Wie goldene Äpfel in silbernen Schalen liegen, so liegt die philosophische Wahrheit in der biblischen Sprache. Maimonides löste die Spannung zwischen Religion und Philosophie also dadurch, dass er die Bibel als eine Philosophie in Bildersprache verstand. Die Schöpfungsgeschichte konnte demnach im Sinne der aristotelischen Physik und Naturphilosophie erklärt werden, das heisst als Lehre von der sinnlich erfahrbaren Welt. Und die biblischen Beschreibungen des göttlichen Wesens deutete Maimonides im Sinne der aristotelischen Metaphysik, das heisst als Lehre der übersinnlichen und ideellen Welt. Wenn aber die Bibel in eine Philosophie auflösbar ist, ergibt sich die schwierige Frage, was dann vom Gott der (jüdischen) Religion noch übrig bleibt, und was es noch heissen kann, von Gott zu reden. Ist zum Beispiel die philosophische Idee des Guten als eine Eigenschaft, ein Attribut oder ein Name Gottes zu verstehen? Maimonides verneint diese Frage und sagt, dass die Eigenschaften und Attribute nicht Gott bezeichnen, sondern immer nur den Blickwinkel der Menschen. Über Gott könne man deshalb eigentlich nichts aussagen. Es gibt keine Namen, die ihn bezeichnen könnten. Vielmehr redet man am genauesten von Gott, wenn man sagt, was er nicht ist. So schreibt Maimonides in seinem „Führer der Verwirrten": Es gibt nur eine Weise von Gott zu reden, nämlich Verneinungen.[1]

Die **Mystik** nun ist kein Gegensatz zum vernünftigen Denken, als welchen sie gerne stilisiert wird, sondern bewegt sich in eben diesem Feld, welches die beiden philosophischen Strömungen des Aristotelismus und Neuplatonismus abgrenzen. Zum Beispiel stützt sich die Mystik auf den Neuplatonismus zur Erklärung der Natur als Zusammenhang zwischen Schöpfer und Schöpfung, zwischen dem Einen und dem Vielen, zwischen der idealen Welt und der realen Welt. Auch die bei Maimonides gestellten Fragen nach der intellektuellen Erfahrung Gottes durch den Menschen und nach den Schwierigkeiten bei der Beschreibung und Benennung Gottes ist Ausgangslage für die Mystik. Diese Fragen zielen auf das mystische Problem par excellence, nämlich wie Gott erfahrbar sein kann, wie von Gott geredet werden kann, oder radikaler formuliert: wie jenes Unsagbare sagbar sei. Bei der Antwort macht sich die Mystik Maimonides' Prinzip zu eigen (beispielsweise Eckhart und Abulafia beziehen sich hierbei auf Maimonides), den verborgenen Sinn „wie goldene Äpfel in silbernen Schalen" zu suchen. Es gelte, unter dem Gegebenen und Sichtbaren einen tieferen, verborgenen Sinn ausfindig zu machen. Mystik oder das Mystische ist etwas, das nicht unmittelbar greifbar, sichtbar, benennbar oder verstehbar ist. Das Unsagbare der Mystik

---

1 Moses Maimonides: More Nevuchim (der Führer der Verwirrten), Bd. 1, Seite 58. Eckhart zitiert diese Stelle in : Quint, Josef (Hrsg.): Lateinische Werke (=LW), Bd. 2, 153.

kann nur mittelbar in Gleichnissen erkannt oder benannt werden, zum Beispiel in den Bildern und in den Geschichten der Bibel, oder im grossen „Gleichnis" der Natur. Es ist daher unmöglich, dieses Unsagbare und diesen Gott mit Namen oder Begriffen direkt zu benennen. Am eigentlichsten aber wird Gott nicht einmal in Gleichnissen erfahrbar, sondern in Verneinungen. Gott ist, was man von ihm nicht sagen kann, oder noch radikaler, wenn man nichts mehr von ihm sagt, wenn man über ihn schweigt - also ein Unsagbares. Der Horizont alles mystischen Erlebens ist immer dieses Sagen des Unsagbaren. Ich will hier nicht weiter darüber reden, denn dieser Frage wird im Detail im folgenden Gespräch zwischen Eckhart und Abulafia nachgegangen.

In diesem gedanklichen Umfeld zwischen Philosophie und Mystik bewegt sich auch **Meister Eckhart.** Er wurde um 1260 im Thüringischen Hochheim geboren und ist schon als Jugendlicher in den Dominikanerorden bei Erfurt eingetreten. Das erste sichere Datum in seinem Leben ist der Studienabschluss in Paris (1294). Man weiss auch, dass er in Paris unter anderem Siger von Brabant gehört hat, der Aristoteles nach Averroes' Auslegung unterrichtete. Nach 1294 ist Eckhart wieder in Erfurt, und zwar bereits als Vorsteher des Konvents und zugleich als Vikar von Thüringen. In dieser Zeit verfasste er die „Reden der Unterweisung", eine Anleitung zum klösterlichen Leben. Diese Schrift war, entgegen seinen lateinischen Schriften, in der Volkssprache geschrieben, das heisst im damaligen Deutsch, dem Mittelhochdeutsch. 1302/03 wurde Eckhart ein zweites Mal nach Paris entsandt, um dort am Lehrstuhl der Dominikaner zu unterrichten und ein theologisches Doktorat zu schreiben, die Pariser „Quaestiones" (Fragen). Darin entwirft Eckhart erstmals eine eigene Theologie, wonach Gott nicht ein Sein, sondern ein Erkennen sei. Gott existiere demnach nicht unabhängig vom Menschen, sondern erst im intellektuellen Akt dessen

Erkenntnis - ein Gedanke, den später die Philosophen der radikalen Aufklärung wie Kant und Fichte Ende des 18. Jahrhunderts von Eckhart übernehmen werden. 1303 kehrte Eckhart nach Erfurt zurück und wurde erster Provinzial der neugegründeten Ordensprovinz Saxonia. 1311-1313 wurde er von der Ordensleitung aber erneut an den Pariser Lehrstuhl der Dominikaner berufen. Nachmals bewegte sich Eckhart in der universitären intellektuellen Welt. Das Ergebnis dieser Zeit ist sein philosophisches Hauptwerk, das „Opus tripartium" (das dreigeteilte Werk), welches allerdings Fragment geblieben ist und zur Hauptsache aus Kommentaren zu Genesis, Exodus, den Weisheitsbüchern und dem Johannesevangelium besteht. Darin wird nochmals Eckharts intensive Auseinandersetzung mit der Philosophie sichtbar, vor allem mit Thomas von Aquin und Maimonides. 1313 ging Eckhart nach Strassburg, wo er im Amt des Generalvikars mit der „cura monalium" der süddeutschen Dominikanerinnen beauftragt wurde. Dabei ging es um die spirituelle Betreuung vor allem der ehemaligen Beginen, eine stark vom Armutsgedanken geprägte Laienbewegung. Die Beginen wurden damals in den Dominikanerorden aufgenommen, worauf sich sehr viele Klostergründungen ergaben. Eckhart war also nun für die theologische Unterweisung dieser wenig gebildeten Dominikanerinnen verantwortlich. Es war vor allem in diesem Kontext, worin Eckharts berühmte Mittelhochdeutsche Predigten entstanden sind, welche ihn als Mystiker in die Geschichte eingehen liessen. Im Mittelalter schon kannte man von Eckhart hauptsächlich die Predigten (es gibt davon etwa zweihundert Handschriften), wogegen sein lateinisches, philosophisches Werk nur in vier Handschriften überliefert ist. Dennoch ist Eckhart der Mystiker nur im Zusammenhang mit Eckhart dem Philosophen und Theologen verstehbar. Sowenig wie Mystik ein unvernünftiges, irrationales Denken ist, ist Eckhart der germanisch-provinzielle Schwärmer, als welcher er teilweise stilisiert wird, sondern ein philosophischer Mystiker. Er verstand es, seine Gedanken sowohl in den abstrakten lateinischen Begriffen der Philosophie, als auch in den poetischen Bildern der mittelhochdeutschen Volkssprache auszudrücken. Sein Pendeln zwischen Paris einerseits und Erfurt, Strassburg und Köln andererseits, spiegelt das Pendeln zwischen der lateinischen Philosophie und den mittelhochdeutschen Predigten. Die Sprengkraft von Eckhart liegt in seinem philosophischen Denken, seine Popularität in den Predigten - als Mystiker verbindet er beides. Es war dann aber vor allem aufgrund der Predigten, dass der Erzbischof von Köln, nach einer Denunziation durch eigene Ordensbrüder, 1326 ein Inquisitionsverfahren gegen Eckhart eingeleitet hat, mit dem Vorwurf, theologisch wenig Gebildete mit „gefährlichen" Ideen zu verführen. Eckhart verteidigte sich in einer „Rechtfertigungsschrift" (1326) gegen die Anklage der Häresie, und wandte sich 1327 in einer Appellation direkt an den Papst Johannes XXII., nachdem der Prozess verschleppt wurde. So reiste Eckhart bald darauf nach Avignon, wo der Papst damals residierte. Dieser jedoch, berüchtigt schon wegen seines Kampfes gegen das Armutsideal der Franziskaner, verurteilte am 27. März 1329 fünfzehn Sätze aus Eckharts Werk als häretisch, weitere elf Sätze als „überaus übel klingend und sehr kühn und der Häresie verdächtig". Eckhart hat diese Sätze unter dem Druck des Prozesses widerrufen, die Verurteilung selbst jedoch nicht mehr erlebt; er starb vermutlich im Frühjahr 1328 in Avignon.

Der jüdische Mystiker **Abraham Abulafia** kommt aus einem ganz andern Umfeld als Meister Eckhart. Dennoch gibt es einige bedeutende Parallelen zu ihm und zu seinem philosophischen Verständnis der Mystik. 1240 im nordspanischen Saragossa geboren, wuchs er in Tuleda auf. Nordspanien war damals das blühende Zentrum der jüdischen Kultur, geprägt vom Aufkommen zweier damals neuer Bewegungen innerhalb des jüdischen Denkens: Einerseits die Auseinandersetzung mit der aristotelischen Philosophie, vor allem bei Maimonides, andererseits durch die von der Provence ausstrahlende mystische Bewegung, die **Kabbala.** Die Kabbala hat sich von Anfang an in zwei Richtungen entwickelt: Eine theoretische Ausrichtung handelt vom verborgenen göttlichen Aufbau der Welt, den zehn göttlichen Bereichen (sefiroth), die nach dieser Lehre in allen Dingen liegen. Das wichtigste Buch dieser Ausrichtung ist das „Sefer ha-Sohar" (Buch des Glanzes), das von 1280 immer grössere Verbreitung fand. Dagegen geht die praktische Kabbala, deren wichtigster Vertreter Abulafia war, viel stärker vom Menschen aus und fragt nach seinem Erleben, insbesondere danach, wie für ihn die göttliche Welt erfahrbar ist und nach den mystischen und teilweise auch magischen Techniken, diese Erfahrung zu erlangen. Die theoretischen Kabbalisten kritisierten die aristotelische Philosophie des Maimonides mit dem Vorwurf, die jüdische Religion auf eine Philosophie zu verkürzen. Im Gegensatz dazu verlieh Abulafia der umstrittenen Philosophie des Maimonides in seiner praktischen Kabbala eine ausgezeichnete Stellung, ja er verstand sie selbst als praktische Kabbala, insofern sie vom Menschen handle und von seinem Streben, Gott zu erfahren. Deshalb hat Abulafia versucht, Maimonides' Philosophie mit der Kabbala zu verbinden und philosophische Begriffe für die Mystik fruchtbar zu machen. Hinzuzufügen ist jedoch, dass Abulafia zur Zeit des Streites um Maimonides' Philosophie schon nicht mehr in Spanien war, weshalb er leicht eine gegenüber den andern spanischen Kabbalisten selbständige Entwicklung durchlaufen konnte. Denn er reiste 1260 in einer Art mystischen Mission nach Palästina, um dort den sagenumwobenen Fluss Sambatyon zu suchen, an dessen Ufer die zwölf israelitischen Stämme leben sollten. Wegen kriegerischer Auseinandersetzungen zwischen den Christen und den Moslems musste er jedoch seine Reise abbrechen. Er zog wieder westwärts, nach Capua bei Neapel, wo er Maimonides' Philosophie intensiv studierte. Von 1270 bis

1280 bewegte sich Abulafia zwischen Barcelona, Sizilien und Griechenland. In dieser Zeit vertiefte er sich weiter in die Kabbala, vor allem in das „Sefer Jezirah" (Buch der Schöpfung). Dies ist das wichtigste Buch aus der Frühzeit der Kabbala, nach dessen Lehre die Welt durch die Kombination der zweiundzwanzig Buchstaben des hebräischen Alphabets und der zehn Zahlen entstanden ist. Diese mystische Auffassung der Sprache ist, neben Maimonides' Philosophie, das zweite wichtige Element in Abulafias Denken. Aufgrund dieser Studien verfasste Abulafia zahlreiche Schriften, darunter mehrere Kommentare zu Maimonides' „Führer der Verwirrten" und ein Kommentar zum „Buch der Schöpfung". 1280 war Abulafia wieder in Capua. Von prophetischer Überzeugung erfüllt, reiste er im Sommer nach Rom, mit dem Ziel, dem Papst Nikolaus III. das Leiden der Juden unter der zunehmenden Anfeindung durch die christliche Umwelt zu beklagen, und auch mit dem Gedanken, den Papst vom Judentum zu überzeugen. Unterrichtet von Abulafias Anreise befahl der Papst, diesen zu fassen und zu verbrennen, was Abulafia jedoch nicht hinderte, seine Reise nach Rom fortzusetzen. Dennoch kam es nicht zum geplanten Treffen: In Rom angekommen erfuhr Abulafia, dass Nikolaus III. in der letzten Nacht gestorben war. Andere Gespräche haben jedoch stattgefunden, und zwar solche zwischen Abulafia und christlichen Mystikern, mit denen er sich beispielsweise über die Frage unterhielt, wie man die Torah verstehen und interpretieren kann. Diese Kontakte, vor allem aber sein zunehmendes prophetisches Sendungsbewusstsein, brachten Abulafia von jüdischer Seite her scharfe Kritik ein, insbesondere, als er auch mit messianischem Selbstverständnis auftrat und dabei viele Anhänger fand. Abulafia wurde von der rabbinischen Autorität als „Scharlatan" beschimpft, mehr noch: Er wurde ungefähr 1288 auf die Insel Comino bei Malta verbannt. Hier schrieb er sein einziges gedrucktes Werk, den apokalyptisch-prophetischen Text „Sefer ha-Ot" (Buch des

Zeichens). Ab 1291 verlieren sich die biographischen Spuren Abulafias.

Auf dem Hintergrund dieses geschichtlichen und biographischen Umfeldes sollte das folgende Gespräch verständlich sein. Was noch zu erklären sein wird, füge ich in Kommentaren hinzu. Wichtig ist zu sehen, dass beide, Meister Eckhart und Abraham Abulafia, eine Verbindung zwischen Philosophie und Religion angestrebt haben, die man nach einer allzu einfachen Gegenüberstellung weder für die sogenannte „irrationale" Mystik, noch für die sogenannte „rationale" Philosophie für möglich halten würde. Beide haben die Mystik nicht nur von Platon, sondern auch von einer insbesondere durch Maimonides vermittelten aristotelischen Philosophie gedacht. Beide sind dabei zu Aussagen gekommen, welche die jeweilige Autorität veranlasste, sie als „Häretiker" (Eckhart) oder „Scharlatan" (Abulafia) aus dem öffentlichen Gespräch auszuschliessen. Mystik erscheint bei beiden als eine in der Rede und im Dialog sich ereignende Erfahrung, als ein sprachliches Ereignis. Das gemeinsame Sprechen ist eine Möglichkeit, sich an ein ganz Anderes anzunähern; es ist ein Versuch, von etwas zu Reden oder etwas zum Sprechen zu bringen, von dem man eigentlich weiss, dass keine Rede an es heranreicht, dass es immer unsagbar bleibt. Das folgende Gespräch spiegelt in seinen verschiedenen, konkreten Fragen - es sind wesentlich vier Fragen in den vier Abschnitten: I. Sprache, II. Natur, III. Gott, IV. Mensch - immer nur wieder diese eine Frage, wie das Unsagbare zu sagen sei. Alle Fragen kreisen um dieses unsichtbare und unsagbare Zentrum wie um einen blinden Fleck. Das Gespräch ist der Versuch, diesen blinden Fleck immer wieder von einer neuen Seite her und aus einer neuen Perspektive ins Blickfeld zu rücken, als ob man einen Kreis zu einem Viereck quadrieren wollte. So ungefähr konnte es gewesen sein, als Abraham Abulafia, der kabbalistische Rabbi, und Meister Eckhart, der Dominikanermönch, möglicherweise in Paris zusammentrafen und miteinander sprachen, vereint in der gemeinsamen Leidenschaft für das Unmögliche, sich im Sprechen ihres Gesprächs an ein Anderes, Unsagbares anzunähern.

Über die Schwierigkeit mit dem Verborgenen, oder über die Sprache

Eckhart: Willkommen, Abraham. Du kommst so leicht! Ohne Gepäck?

Abulafia: Schalom alecha. - Welches Gepäck? Was glaubst du, dass ich mit mir herumtragen werde? Schwere Koffer voller Kleider oder Bücher, vielleicht?

E: Vielleicht eben nicht ...

A: Viel Leichtes eben doch - entschuldige, wenn ich dich unterbreche - vielleicht trage ich eben viel Leichtes mit mir, und nichts Schweres für die Reise.

E: Ich bin vielleicht schwer von Begriff, doch was ist denn dieses Leichte, das du mit dir trägst? So schwierig, wie du es beschreibst, scheint es mir nichts wirklich Leichtes zu sein.

A: Wahrscheinlich hast du recht: Nur scheinbar Leichtes trage ich mit mir herum. Denn Leichtes zu tragen, kann schwer sein; wenn ich Nichts mit mir herumtrage, ist das zwar leicht zu sagen, doch schwer zu ertragen.

E: Deine Rede wird schon schwer, bevor wir überhaupt begonnen haben, über irgend etwas zu sprechen. Musst du so geheimnisvoll von deinem Nicht-Gepäck reden?

A: Was kann ich denn dafür, dass du ausgerechnet nach dem fragst, was nicht ist, und nicht nach dem, was ist?

E: Zugegeben, - nur, wie konnte ich wissen, dass meine Frage ins Leere zielt ...

A: Vielleicht ist es gar kein schlechter Ausgangspunkt für unser Gespräch, über etwas zu reden, was nicht ist oder sich der Beschreibung entzieht oder sie erschwert.

E: Worauf spielst du an?

A: Es gibt Dinge, über die man leicht reden kann, die einfach so mittels der Sprache benannt werden können, zum Beispiel Dinge wie Koffer, Kleider, Bücher - nimm, was du willst. Die Namen sind dann wie Etiketten an den Dingen. Oder sie sind

126

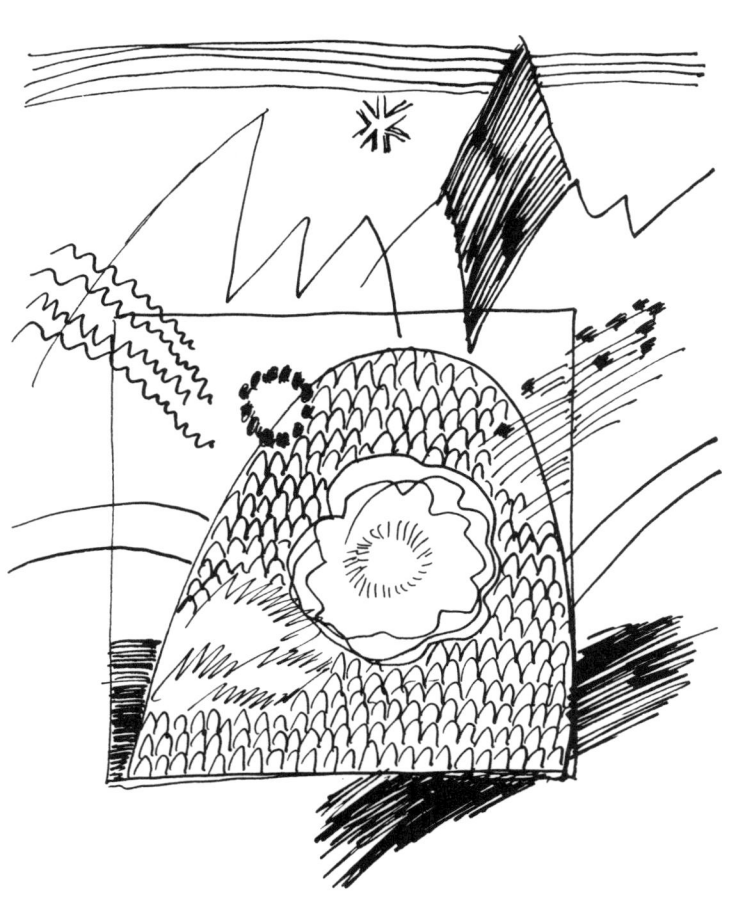

wie Werkzeuge, die wir gebrauchen, um mit ihnen nach den Dingen zu greifen, sie zu fassen und zu bearbeiten. Doch dann gibt es Dinge, die nicht direkt benennbar sind, sondern sich hinter den gewöhnlichen Namen verbergen. Sie werden erst bei genauerem und längerem Hinschauen auf ihre Namen wie durch einen Schleier andeutbar. Die Namen verlieren dann die einfache Funktion der Benennung der Dinge. Sie werden aus ihrem alltäglichen Dienst entlassen und verweisen über das Benannte hinaus oder an ihm vorbei. Sie lassen die Dinge wie Hüllen fallen und verflüchtigen sich in Richtung eines andern, ferneren, noch ganz ungreifbaren Zeichens.

E: Du meinst, es sei, als ob man die Namen, welche die Dinge bezeichnen, öffnen könnte, wie man einen Koffer öffnet, um Kleider oder Bücher daraus hervorzunehmen?

A: Dein Vergleich erinnert mich an das hebräische Wort „Teva", welches zugleich Wort und Kasten oder Koffer bedeutet - und darüber hinaus die Arche des Noah. Und weisst du, dass man von der Torah sagt, sie sei wie eine Frau in Kleider verborgen und verhüllt?

E: Wenn wir all diese Gleichnisse zusammen nehmen, wird alles wieder kompliziert, bevor sie wirklich erhellen konnten. Denn in ihnen erscheint alles ineinander verschachtelt und verhüllt: Die Kleider, die ich aus dem Koffer hole, die kleiden wiederum etwas ein, so wie in den Büchern etwas darin steht, nämlich Worte, wie beispielsweise Koffer, Kleid, Buch? Und so verflechten und verstricken sich deine Gleichnisse nur immer weiter: der Koffer ist selbst das Wort, das ich aus den Büchern herausziehe, und das Kleid ist selbst das Buch, aus dem ich die Wort-Koffer herausnehme. Wo soll das enden?

A: Enden? Dieses wunderbare Spiel beginnt immer wieder von vorne. Ein Figürlein steckt im andern drin, und wir gleiten von einem Wort zum andern, von einem Gleichnis zum andern. Und dann sind plötzlich alle Worte die gleichen, alles ist nur ein einziges Wort. Oder alle Worte sind Worte von Worten und reden von andern Worten. Oder ein Wort ist wie ein Koffer, ein Koffer ist wie ein Kleid, ein Kleid ist wie ein Buch: in allem liegt wieder etwas tiefer Verborgenes. Nie erreichen wir einen letzten Grund oder den sogenannten Boden der Wirklichkeit. Die Rede verflüchtigt sich in das Echo einer Rede, die Schrift in den Schatten einer Schrift. Das ist vielleicht der unheimlichste Charakter der Sprache: sie dreht sich mit unendlichem Aufwand und mit grenzenloser Verschwendung um ein Unsagbares.

E: So müsste dir meine Frage nach deinem Nicht-Gepäck als Beispiel einer solchen sprachlichen Verschwendung und Wendung um ein Abwesendes eigentlich gut gefallen haben?

A: Genau darauf wollte ich hinaus: Sie hat den Finger auf den wilden und unbezähmbaren Punkt der Sprache gelegt, und dies ist die mystische Eigenschaft der Sprache, oder wenn du willst, die sprachliche Eigenschaft der Mystik. Denn was heisst „mystisch"? Mystisch heisst doch - nach dem griechischen Wort - mit geschlossenen Augen, und das heisst: in sich gekehrt, in ein Inneres eingegangen, in den sichtbaren Dingen etwas Verborgenes suchen - genauso wie ein Koffer etwas in sich verborgen einschliesst, ein Kleid etwas in sich verhüllt, oder eben: wie ein gleichnishaftes Wort einen verborgenen Sinn in sich verbirgt. Deshalb meint „mystisch" vielleicht als erstes, dass etwas wie ein Zeichen oder wie Sprache ist, also lesbar und voll von einem Andern, von einem Verborgenen.

E: Das ist die sprachliche Natur der Mystik. Wie ist denn die mystische Natur der Sprache zu verstehen?

A: Wie die Rückseite derselben Münze: So wie es in der Natur der Mystik liegt, auf etwas Anderes zu verweisen, so liegt es in der Natur der Sprache überhaupt, zu verweisen - und da liegt ihre Mystik. Für den Mystiker ist Sprache mehr als ein Kommunikationsmittel; sie ist etwas Weltumfassendes. Alles ist Sprache und Zeichen, alles ist lesbar, alle Dinge verweisen wie Zeichen aufeinander, auf ein Anderes. Mystisch ist die Ungezähmtheit der Sprache als eines harmonischen und disharmonischen Durcheinandersprechens, das vielleicht die Welt ist ...

E: Darf ich dich aus deinen Betrachtungen nochmals zurückholen?

A: Entschuldige, wenn ich etwas weggeglitten bin. Ja, bitte?

E: Ich möchte gerne nochmals auf die Unterscheidung zurückkommen, die du vorhin aufgestellt hast. Wie du gesagt hast, verweist die Sprache entweder wörtlich und unvermittelt auf die sichtbaren Dinge, oder sie verweist gleichnishaft vermittelt auf das, was in diesen sichtbaren Dingen unsichtbar verborgen liegt. Ich möchte diese Unterscheidung erweitern und sagen, dass darin zwei Möglichkeiten ausgesprochen sind, die Welt zu betrachten: Eine alltägliche und eine mystische Betrachtungsweise.

A: Könntest du mir diese Unterscheidung näher erklären?

E: Entweder betrachtet man die Dinge einfach als Dinge: Ein Haus als ein Haus, ein Buch als ein Buch, was immer du willst. Oder aber du lässt deinen Blick nicht einfach an der Oberfläche der Dinge wie eine Katze auf einem Kissen ruhen oder an den Dingen wie ein Wassertropfen an einem Wachsblatt abgleiten, sondern du kannst auch mit dem Blick in sie hineindringen und die Dinge aufbrechen, sie abschälen, öffnen und in sie hineinschauen, in sie hinabsteigen und ihnen auf den Grund gehen. Immer weiter und weiter, immer tiefer und tiefer, immer höher und höher ohne letzten Grund. Dieser zweite Weg ist der Weg der Mystik.

A: Ich finde deine Erweiterung meiner Unterscheidung sehr fruchtbar, und du weist darin nochmals darauf hin, dass die mystische Betrachtungsweise selbst sprachlich ist: Sie liest.

E: Dies hat Rabbi Moyses - du weisst schon, Maimonides - in seiner Erklärung jenes bekannten Gleichnisses von Salomon auch gesagt: Wie ein goldener Apfel in fein durchstochener Silberschale, ist das Gleichnis für den tieferen Sinn der Worte.

Wenn ein Wort zweifachen Sinn hat, nämlich einen offenbaren und einen verborgenen, so muss der offenbare den Wert von Silber haben. Wertvoller aber ist der im Innern verborgene Sinn der Worte: das Verborgene verhält sich zum Offenbaren wie Gold zu Silber.[2]

A: Auch ich mag dieses Gleichnis, und auch ich verstehe es als Prinzip der mystischen Betrachtungsweise, nach dem Verborgenen zu fragen, welches in der Schrift oder in den Dingen liegt.

E: Vielleicht ist das Gleichnis etwas künstlich und von der Wirklichkeit abgehoben. Denn wer hat schon solche goldene Äpfel auf Silberschalen vor sich? Man könnte auch ein einfacheres, naturnahes Gleichnis für den mystischen Sinn anführen. Wie, wenn Mystiker Imker wären? Denn wenn wir aus dem, was dasteht, einen tieferen Sinn herausarbeiten, dann holen wir gleichsam aus verborgenen Waben Honig hervor.[3]

A: Wie du willst; nur ich selbst habe genausowenig Bienenstöcke, wie goldene Äpfel. Ich zweifle auch, ob es überhaupt möglich ist, mit irgendeinem Gleichnis aus der alltäglichen Lebenswelt an das Unsagbare heranzukommen - auch dann nicht, wenn du sagst, der Koffer oder das Kleid sei ein Gleichnis für das Verborgene im Sichtbaren. Denn von da aus könnten wir ins Unendliche fortfahren und wieder ein Gleichnis durch ein anderes ersetzen, ein Figürchen in ein anderes stellen, bis wir dann nichts Wirkliches und Eigentliches mehr in den Händen oder unter den Füssen haben.

E: Das ist nun das zweite Mal, dass du dies sagst, und mehr noch als das erste Mal glaube ich, dabei einen melancholischen Unterton mitzuhören …

A: Vielleicht hast du recht …

E: Inwiefern?

2 Moses Maimonides: More Nevuchim, Einleitung.
3 Meister Eckhart: LW Bd. 1, 449.

A: Vielleicht insofern, als das mystische Fragen eine Schwierigkeit und Melancholie einschliesst. Denn die Dinge und Worte, welche sonst Halt bieten und die Gewissheit geben, es mit einer Wirklichkeit zu tun zu haben, werden unter dem mystischen Blick zu blossen Schalen, Hüllen oder Verkleidungen entleert. Hinter jedem Ding und hinter jedem Wort tut sich nur wieder ein neuer Grund auf, ohne Ende. Der mystische Blick ist wie die Leidenschaft des Einsiedlers, immer tiefer und tiefer in seine Höhle hineinzudringen und hinter jedem Winkel einen neuen zu vermuten. Der tiefste Grund ist ihm aber kein Grund, sondern die blosse Grundlosigkeit. Deshalb vielleicht hat das mystische Auf-den-Grund-gehen etwas Grundloses, Haltloses, Irrendes, Melancholisches und Leidendes.

E: Du sprichst eben selbst auch von der Leidenschaft. Ist denn der verborgene Grund der Dinge nicht auch der Honig, dem die ganze Leidenschaft des mystischen Fragens gilt? Wenn wir die Dinge hinter uns lassen, durch sie hindurchgehen und uns von ihnen lösen, bewegen wir uns dabei nicht auf jenes Verborgene hin, auf jenes Unnennbare, das man mit dem Namen „Gott" zu benennen pflegt?

A: Aber gerade hier ist doch die schwierige Frage, was denn dieses Verborgene ist, und vor allem: was denn dieser Name zu benennen vermag. Am Schluss ist doch dieses Verborgene, dieses Innere, dieser goldene Apfel, dieser Honig, dieser Name, immer nur eine Stelle, die selbst wieder ersetzt werden kann. Auch der Name „Gott" muss, wie alle Namen, durchdrungen und aufgegeben werden. Es gibt kein letztes Verborgenes und keinen letzten Grund. Der mystische Blick macht vor nichts halt. Das ist seine Leidenschaft, sein Leiden und seine Melancholie.

E: Könnte nicht der Name „Gott", wenn nicht als Gewissheit, so doch mindestens als Symbol dafür stehen, dass es ein letztes Ziel, ein Ende und einen Grund des Fragens gibt?

132

A: Darf ich aus der Art und Weise, wie du die Frage stellst, entnehmen, dass du damit rechnest, dass ich sie verneinen würde? Oder anders gesagt: Soll ich mit Kopfschütteln zustimmen?
E: Wie kannst du so unverständlich reden? Kein Mensch wird dich je verstehen können.
A: Ja, vielleicht. Aber gerade dann werde ich vielleicht am ehesten verstanden. Denn wenn wir vom Verborgenen reden, das du im Namen Gott symbolisiert vermutest, dann reden wir mehr von der Unmöglichkeit, es zu beschreiben oder zu vergegenständlichen, als von ihm selbst. Unsere Rede spricht immer auch von der Schwierigkeit und vom Leiden, dieses Verborgene eben gerade nicht zu bezeichnen und immer wieder zu verfehlen. Und wie, wenn das Verborgene aller Dinge, der Verborgene aller Dinge - eine Abwesenheit wäre, ein Leiden, ein Mangel ...

Über die Quelle, die in sich selbst hineinquillt, oder über die Natur

E: Wie leicht hat unser Gespräch angefangen, und wo sind wir nun angelangt! Die mystische Idee des Verborgenen hat Fragen hinterlassen, wo vorher Antworten waren; Unsicherheiten, wo vorher ein Greifbares, Sicheres war; Offenheiten, wo vorher alles definiert und bestimmt war. Wie ein schwerer Regen, der allen Grund mit sich wegspült. Aufgerissene Weglosigkeiten bleiben.

A: Aber wie, wenn diese erlangte Unsicherheit und Offenheit, welche das Verborgene in das Sichtbare wie Wunden schlägt, erst den Raum böte, sich freier und offener zu bewegen?

E: Du meinst, man müsste nicht danach fragen, was der Regen weggespült hat, sondern danach, was er freigelegt hat?

A: So deutlich hätte ich es nicht zu sagen vermocht.

E: Eine mögliche Frage wäre dann diese, wie die Natur unter dem mystischen Blickwinkel des Verborgenen zu verstehen ist. Was heisst es also für die Natur, wenn der mystische Blick die geschaffenen Dinge wie eine Nuss aufschält, aufbricht und durchdringt und die Schalen hinter sich lässt?

A: Der mystische Blick, so könnte man doch sagen, behandelt die Dinge und die Natur wie ein Schriftstück, wie ein Zeichen oder wie eine Sprache: er liest in ihr.

E: Ja genau. Die Natur ist ein Buch; sie ist lesbar und überall steht Verborgenes darin. Aber dies ist die Ausgangslage, die wir bereits erarbeitet haben. Die neue Frage ist jedoch, was das für das Verständnis der Natur genau bedeutet.

A: Du stellst deine Frage so, dass man einen Vorschlag zu einer Antwort daraus hört ...

E: Nun gut: Ich gehe nochmals von deinen zwei Möglichkeiten aus, die Welt zu betrachten. Nach der einen ist die Natur

und alles Geschaffene für sich existierend, eine Fassade von Dingen. Nach der zweiten, mystischen Betrachtungsweise aber befindet sich jedes Ding in einem inneren Zusammenhang zu einem Ideellen, dessen Ausdruck, Zeichen oder Offenbarung es ist. Es entspricht der platonischen Auffassung, dass die geschaffene Natur die sichtbaren Ideen sind, die Ideen die unsichtbare, ungeschaffene Natur. Die geschaffene Natur ist unendlich bedeutungsvoll, und man kann in ihr die unsichtbare Natur der göttlichen Ideenwelt erkennen und dasselbe über sie erfahren, wie in geoffenbarten Schriften. Ich könnte sogar sagen, wer weiter nichts als die geschaffene Natur erkennen würde, der brauchte keine Schrift zu lesen und keine Predigt zu hören, denn jegliche Kreatur ist in sich göttlich und ist ein Buch. Dem schmecken alle Dinge nach Gott und Gottes Bild wird ihm aus allen Dingen sichtbar.[4]

A: Wie kann es aber sein, dass Natur und Gott zusammenhängen - und wenn sie zusammenhängen: wie ist es dazu gekommen, dass wir beide auch voneinander getrennt denken können?

E: Du hast recht: Dass Gott und die Natur zusammenhängen, ist nicht selbstverständlich gegeben. Es ist vielmehr das Ergebnis eines Denkaktes, einer Vorstellung, genauer: es ist das Ereignis der mystischen Betrachtung der Natur. Der Zusammenhang zwischen Gott und Natur wird erst im Moment der mystischen Betrachtung hergestellt und ausserhalb dieser Kontemplation oder Betrachtung besteht er nicht. Oder anders gesagt: Gott ist da, wo wir ihn erkennen. Wenn ich ihn in einer Schrift sehe, ist er dort; wenn ich ihn in einem Baum sehe, ist er dort; wenn ich ihn in einem Menschen sehe, ist er dort.

A: Du sagst, dass der Zusammenhang zwischen Gott und Natur im Akt der Betrachtung hergestellt wird, deshalb subjektiv ist

---

4 Meister Eckhart: Reden der Unterweisung, 6.

und vom Betrachter abhängt. Gibt es aber über diese Erklärung hinaus nicht auch die Möglichkeit, den Zusammenhang zwischen Gott und Natur aus dem Akt der Schöpfung zu denken - also nicht vom Betrachter der Natur her, sondern von ihrem Schöpfer her?

E: Wie das?

A: Ich könnte doch den Akt der Schöpfung wie die Schaffung eines Kunstwerkes betrachten, das der Künstler aus sich selbst und für sich selbst schafft und das wie ein Teil von ihm selbst ist. Oder ich könnte ihn mit einem Architekten vergleichen, der in einem Haus wohnt, das er sich selbst gebaut hat - so der Schöpfer in der Natur. Ich erinnere mich dabei an eine Stelle im Buch Sohar.

Buch Sohar: Eines der wichtigsten Bücher der Kabbala. Es erschien ab 1280 in Spanien. Damals glaubte man, es sei ein wiederaufgefundenes uraltes Werk des Rabbi Schimon Bar Jochai, der im 2. Jahrhundert in Palästina lebte, wodurch das Buch einen sehr hohen Wert erhielt. Heute weiss man, dass der Sohar von Moses de Leon Ende des 13. Jahrhunderts geschrieben wurde. Der Sohar ist von der Gattung her ein Kommentar zur Torah (= die fünf Bücher Moses). Seine spezifische Interpretation ist, nicht nur in der Torah, sondern auch in der Geschichte und in der Natur das Wirken von zehn göttlichen Formen aufzuzeigen, die sogenannten sefiroth. (siehe unten)

E: Das interessiert mich sehr. Spare aber nicht mit Erklärungen - ich habe von dieser Lehre des Sohar und der Kabbala noch kaum mehr als den Namen gehört.

A: Nun gut: Kabbala ist ein hebräisches Wort und bedeutet wörtlich Empfang oder Überlieferung der Tradition. Gemeint ist eine mystische Tradition. Denn die Kabbalisten sagen, dass es in der jüdischen Tradition ein Wissen gibt, das über die Regelungen des gesellschaftlichen Zusammenseins der Menschen hinausgeht. Dieses Wissen ist eben das Wissen um den verborgenen Grund und Aufbau der Welt, um ihren göttlichen Plan.

E: Was heisst das aber für die Frage nach dem Akt der Schöpfung?

A: Ich komme eben darauf. Die Kabbala gibt nämlich eine eigene Erklärung für die Entstehung der Schöpfung. Man könnte sie folgendermassen zusammenfassen: Die Natur, die geschaffene Welt, ist aus einem verborgenen göttlichen Anfang oder Urpunkt hervorgegangen. Gott hat sich aus diesem verborgenen Urpunkt selbst entfaltet, und so ist die ganze Natur eine Selbstentfaltung Gottes, wie der Baum aus einem Samen oder der Zweig aus einer Knospe hervorwächst.

E: Erzähle mir, wie dieser Akt der Selbstentfaltung genauer zu denken ist?

Ein-sof: Wörtlich „das Unendliche". Gemeint ist Gott nicht als Offenbarer, sondern in seiner Verborgenheit und Unerkennbarkeit. Der Begriff beschreibt eine mystische Negativität, ein Nichts, aus dem alles hervorgeht. So entfalten sich die zehn sefiroth aus dem ein-sof.

Zehn sefiroth: Wörtlich „Zahlen". Gemeint sind die göttlichen Eigenschaften, Sphären oder Namen, welche bei der Schöpfung aus der Ein-sof hervorgehen. Es sind die Aspekte des offenbaren Gottes in der Schöpfung. Ihr erster Anfang ist der „Urpunkt", keter elion (die höchste Krone), aus dem Stufe für Stufe die Schöpfung wie ein „Palast" gebaut ist. Die unterste Stufe, malchuth (Königreich) ist die offenbare Anwesenheit Gottes und seiner Aspekte, zum Beispiel Weisheit, Verstand, Strenge, Mitleid, Dauer in der Welt. Diese Präsenz Gottes heisst auch schechina (Einwohnung).

A: Gerne, aber um nur schon ein wenig ins Detail zu gehen, muss ich dich mit zwei hebräischen Begriffen der Kabbala vertraut machen: Das ein-sof und die sefiroth. Denn Gott in seiner Verborgenheit heisst ein-sof, das heisst das Unendliche, das

138

Unbegrenzte. Dieses ein-sof entfaltet sich nach der Kabbala, in zehn Kräften, Stufen oder Sphären, die sogenannten sefiroth. Am besten lese ich dir einen kurzen Text der Kabbala vor. Er ist aus dem Buch „Sohar". Dort ist die Schöpfung der Welt „am Anfang" in Bildern beschrieben, wie ich es eben in Begriffen darzulegen versucht habe: Am Anfang - als der Wille des Königs zu wirken begann, grub er Zeichen in die himmlische Aura. Eine dunkle Flamme, „buzina dekardinuta" genannt, entsprang im allerverborgensten Bereich aus dem Geheimnis des Urgrunds, ein-sof, wie ein Nebel in Formlosigkeit gebildet, eingelassen in jenen Bereich, nicht weiss und nicht schwarz, nicht rot und nicht grün und von keinerlei Farbe überhaupt. Dann wuchs diese Flamme und dehnte sich aus und nahm auch Farbe an. Denn ganz im Innersten der Flamme entsprang ein Quell, aus dem Farben auf alles Untere sich ergossen. Und höre noch weiter: Dieses Ergiessen der farbigen Flamme war wie ein Strahlen, ein Glanz, ein Sohar, der tief verborgen war, als sich jener „Anfang" ausdehnte aus jenem Urpunkt, dem Urgrund, und einen Palast baute, wie eine Seidenraupe, die sich einspinnt und einen Palast um sich baut.[5]

E: Man möchte in den Bildern und Gleichnissen dieser Betrachtung wie in einer eigenen Welt verweilen. Ich meine damit auch, das hier vielleicht nochmals deutlich wird, dass die Welt ihre Ordnung erst unter dem mystischen Blick erhält. Denn wer würde diese kunstvolle Struktur der Welt und der Natur sonst so sehen? Und könnte man sich den Aufbau der Natur nicht in einem anderen Bild und Gleichnis vorstellen?

A: Ich sehe jetzt, worauf du hinaus willst, und ich denke, dass du recht hast. Denn wenn wir den Akt der Schöpfung mit verschiedenen Bildern beschreiben, wird deutlich, dass diese unsere Vorstellung darüber sind, wie die Dinge geordnet sein

5 Sefer ha-Sohar (Buch des Glanues), I, 15a

könnten - und nicht die tatsächliche Ordnung der Dinge selbst. Denkst du an ein anderes Bild?

Neuplatonismus: Im Mittelalter war Platon selbst wenig bekannt, dafür aber die Erneuerer der platonischen Philosophie, vor allem Plotin (+ 207), Proklos (+ 485), Augustinus (+ 431) und Dionysius Aeropagita (+ ca. 500). Zentraler Gedanke war die Vorstellung der Schöpfung als Ausfluss oder Emanation vom göttlichen Einen, dem Urbild oder der Idee zum geschaffenen Vielen, dem Abbild oder den Dingen. Die geschaffene Welt ist umgekehrt göttlich durch ihre Teilhabe an der göttlichen und idealen Welt. Vor allem Augustinus und Dionysius übertrugen den Neuplatonismus ins Christentum. Eckhart war mit dieser philosophischen Tradition gut bekannt. Auch in der Kabbala gibt es neuplatonische Elemente, beispielsweise der Ausfluss der sefiroth aus dem ein-sof.

E: Ich könnte beispielsweise das Bild des Bauens durch das Bild des Fliessens ersetzen. Nach der Philosophie des Neuplatonismus ist die Schöpfung als eine Emanation oder als ein Ausfluss Gottes beschreibbar. Einfach gesagt: Es gibt einen ungeschaffenen, unnennbaren und verborgenen Gott, der Urgrund aller Dinge oder das Eine - wie dein ein-sof. Aus diesem Einen fliesst das Viele, ohne dass es wirklich aus ihm austritt. Die Schöpfung ist ein stufenweises Ausfliessen der Dinge aus dem Urgrund, so wie Wasser aus einer unerschöpflichen Quelle hervorquillt und herausfliesst, aber mit der Quelle immer verbunden bleibt. Aus seiner Verborgenheit treibt Gott die Fülle und den Abgrund seiner ganzen Gottheit hervor. Er ist das Eine, das in sich selber quillt. Die Menschen und alle Kreaturen fliessen von Gott aus als ihrem ersten Ausfluss.[6]

6 Meister Eckhart: Predigt Nr. 13, 14 (numeriert nach der Ausgabe von Josef Quint, Deutsche Predigten und Traktate)

A: An deinem Gleichnis der Schöpfung als Ausfliessen aus einer Quelle gefällt mir besonders, dass die Quelle nicht eigentlich aus sich selber hinaus, sondern auch in sich selber hineinquillt. Alles wird so zu einem Kreislauf: aus dem Einen fliesst das Viele, und das Viele fliesst wieder zurück in das Eine. So sind Natur und Gott nichts voneinander getrenntes. Alles ist Eins.

E: Vielleicht wird dieser Zusammenhang noch deutlicher, wenn man das Bild des Ausfliessesns verwandelt in das Bild des Aussprechens. Man könnte nämlich den verborgenen Gott als das unausgesprochene Wort auffassen, die Schöpfung als das ausgesprochene Wort. Der Akt der Schöpfung ist damit wie ein Aussprechen von Worten, oder ein Benennen der Dinge.

Sefer Jezirah: Das Buch aus dem frühen Mittelalter ist eine der wichtigsten Quelle der Kabbala. Es interpretiert die zehn Zahlen (sefiroth) und die zweiundzwanzig hebräischen Buchstaben (otioth) als Elemente, durch deren Kombination die Schöpfung erfolgte. Die Idee der Schöpfung durch Kombination der Buchstaben und Zahlen war auch die Basis für magische Theorien und Praktiken.

A: Es gibt aus alter Zeit ein altes Büchlein der Kabbala, das mich immer sehr fasziniert hat und zwar genau aus dem Grund, dass darin die Schöpfung als sprachlicher Akt verstanden wird. Das Buch heisst „Sefer Jezirah", „Buch der Schöpfung". Dort ist von der Schöpfung nicht als ein Aussprechen, sondern als ein Niederschreiben die Rede. Es heisst darin, dass Gott die Welt durch die Niederschrift und Kombination der zweiundzwanzig hebräischen Buchstaben geschaffen habe. Höre selbst: Zweiundzwanzig Buchstaben; er zeichnete sie, er hieb sie, er wog sie und er wechselte sie einen jeden mit allen; er bildete durch sie die ganze Schöpfung und alles was geschaffen werden sollte.[7]

7 Sefer Jezirah (Buch der Schöpfung), Abschnitt 2, VI.

E: Das die Buchstaben die Muster sind, mittels derer die Dinge geformt werden, erinnert nochmals an den Akt des Schreibens eines Schriftstellers, unter dessen Feder sich Welten formen.

A: Manchmal glaube ich, dass die hebräischen Buchstaben die Dinge in Tatsache und Wirklichkeit formen können, was die anderen Sprachen nur als Idee beschreiben können.

E: Ich zweifle an der Sonderstellung des Hebräischen. „In Tatsache und Wirklichkeit formen" kann keine Sprache. Doch kann sie die Wirklichkeit in Bilder verwandeln und so eine Ordnung in die Dinge bringen, etwa so, wie wir den Akt der Schöpfung mittels der Bilder des Bauens, des Ausfliessens, des Aussprechens oder des Niederschreibens darzustellen versucht haben.

A: Diese sorgfältige und vorsichtige Niederlegung der schwarzen Linien auf das Weiss der Seite, dieses Aushauchen der Laute in den Raum der Stille - ist dies nicht wirklicher als ein blosses Bild?

E: Vielleicht ist die Bilderwelt einfach das Ideal der wirklichen Welt der Natur. Die Ordnung der Dinge ist - in Wirklichkeit - die ideale Ordnung der Bilder.

A: Und wie sich die Dinge ineinander verwandeln, wie Eis zu Wasser schmilzt und Wasser zu Dampf verdunstet, so sind auch die Bilder ineinander verwandelbar.

E: Und die Natur ist dann nichts Festes mehr, sondern etwas Formbares und Verwandelbares. Sie wandelt sich in den Jahreszeiten unserer Betrachtungen. Sie fliesst und fliesst unter dem formenden Blick, der Ordnung in die Dinge bringen will. Sie verschmilzt, verfliesst und verdampft immer und immer wieder unter den Bildern, die wir uns von ihr machen ...

Über ein Unsagbares, das sich nicht sagen lässt, oder über Gott

A: Wenn immer wir von Idealen, von Ideen oder von einer idealen Welt reden - reden wir dann nicht von Gott selbst?

E: „Gott selbst" - das sagst du so leicht. Das ist wohl eines der Stücke aus deinem Nicht-Gepäck.

A: Zugegeben habe ich etwas leichtfüssig ein Wort in den Mund genommen, das schwere Herden von Worten nach sich zieht.

E: Dein neues Thema ist mehr ein Über-Thema oder vielleicht ein Un-Thema, das so viele Schwierigkeiten und Unmöglichkeiten einschliesst, dass wir es vielleicht besser lassen würden.

A: Wahrscheinlich hast du im Endeffekt recht, und alles, was es über dieses Über-Thema zu sagen gibt, sind die vielen Wege und Umwege, auf denen jene Wort-Herden weiden. Aber weshalb keine Umwege machen? Weshalb immer den Schwierigkeiten und Unmöglichkeiten ausweichen? Weshalb nicht gerade diese benennen? Und wie, wenn wir uns gerade dabei ein wenig an das annähern könnten, was wir mit dem Namen „Gott" bezeichnen?

E: Doch sind die Schwierigkeiten so sehr gross ...

A: ... Und je grösser, desto besser: Der Widerstand und der Anstoss, die Vermeidung und die Unmöglichkeit, über Gott zu reden, ist vielleicht das beste Mass und das deutlichste Anzeichen dafür, dass wir von Gott reden.

E: Was soll mir dann der Name „Gott", deiner Meinung nach, bezeichnen können?

A: Du willst von Anfang an Resultate stehen haben, die ich dir nicht geben kann. Aber vielleicht kann ich versuchen, jenen Namen in die Schwierigkeiten zu übersetzen, die er ausstrahlt.

E: Du sprichst in Rätseln. Wie könnte eine solche Übersetzung aussehen?

A: Zum Beispiel so: „Die-Unmöglichkeit-darüber-zu-Sprechen", oder „Das-sich-dem-Namen-Entziehende", oder „Das-Nicht-Thema", oder „Der-Nicht-Ort-der-Rede" …

E: Nicht, dass du damit die Rätsel gelöst hättest, aber sicher die Schwierigkeiten benannt. „Der-Nicht-Ort-der-Rede" ist der Ort, um den die mystische Rede kreist. Dagegen erscheint die unüberlegte Verwendung des Wortes „Gott", vor allem durch Theologen und Prediger, so unendlich platt und grob. Jeder gibt vor zu wissen, wovon er redet. Gott sei eben Gott, selbstverständlicherweise, da gebe es nichts mehr zu erklären und zu überlegen …

A: Oder dann gibt es andere Erklärungsversuche, die „Den-Nicht-Ort-der-Rede" mit einer beliebig erweiterbaren Palette von Eigenschaften benennen, die aber viel mehr den Menschen hervorscheinen lassen, der den Namen gibt, oder sein Wunsch dessen, was er gerne sein möchte: Der Grosse, Starke, Mächtige, Liebe, Gute, Strenge, Gerechte oder was auch immer.

E: Wenn aber die Menschen in diesen Eigenschaften mehr von sich, als von Gott reden, wie kann man dann wirklich von Gott …

A: „Wirklich"? Was heisst das hier?

E: Lass mich doch ausreden …

A: „Ausreden"? Gibt es hier ein „Ausreden"?

E: Wie kann ich dann nur schon versuchsweise reden, wenn du mir dauernd Keile zwischen meine Worte schiebst?

A: Ja, wie?

E: Gut, gut. Ich weiss schon, worauf du hinaus willst, und eigentlich wollte ich eben dasselbe etwas gezügelter sagen, was du mit deiner ständigen Unterbrecherei aufzeigst: „Wirklich" von Gott zu reden heisst, nicht ausreden, heisst die Rede abbrechen, heisst verneinen, heisst schweigen. Gott ist nie das, als was wir ihn benennen. Das ist jene negative Theologie, die allem positiven Reden über Gott absagt. Gott ist we-

144

der, gut noch besser, noch der Beste. Wer sagt, Gott sei gut, der täte ihm ebenso unrecht, wie wenn er die Sonne schwarz nennen würde. Gott ist aber in keiner Weise, weder dies noch das. Würde man Gott einen Namen geben, so müsste man sich dabei etwas Bestimmtes denken. Gott ist aber über allen Namen, niemand kann so weit kommen, Gott aussprechen zu können. Wer also nicht von Gott redet, der redet zutreffend von ihm.[8]

Negative Theologie: Im Unterschied zu einer positiven Theologie, die Aussagen über Gott macht, werden in der negativen Theologie alle Aussagen über Gott verneint. Die Begründung dazu meint, dass Gott über allem Geschaffenen liege, Namen aber immer nur Geschaffenes bezeichnen. Für die Mystik des Mittelalters ist dabei der Neuplatoniker Dionysius Aeropagita ausschlaggebend, vor allem sein Buch „De divinis nominibus" („Von den göttlichen Namen"), das Eckhart kannte. Eckhart und Abulafia beziehen sich aber auch auf Maimonides, der von der rationalen Philosophie her denkend jede anthropomorphe, menschenähnliche Beschreibung Gottes ablehnt.

A: Damit ist schon viel über „Den-Nicht-Ort-der-Rede" gesagt ...
E: Und alles hätten wir darüber gesagt, wenn wir unser Gespräch an dieser Stelle abbrechen würden .... worüber man nicht sprechen kann, darüber soll man schweigen.
A: Ich bin da gar nicht so sicher, ob im Schweigen alles über „Den-Nicht-Ort-der-Rede" gesagt ist. All diese schwierigen Namen können noch einiges mehr aufzeigen, wenn sie eben auf die Schwierigkeit hinweisen. Wir könnten im Gegenteil noch nach weiteren Namen suchen, welche die Negativität Gottes benennen.

8 Meister Eckhart: Predigt Nr. 10, 37.

E: Nun gut, was meinst du beispielsweise zum Namen „Nichts"?

A: Dieser Name kann sehr viel aussagen. Nicht, dass damit Gott verneint wäre, aber doch die Rede über ihn. Über Gott zu reden kann nicht dasselbe sein, wie über ein Ding zu reden, wie zum Beispiel über einen Apfel, über ein Buch oder über dieses und jenes. Angenommen, ich sage dir: „Schau, dort ist Gott", und du antwortest: „Ich sehe aber nichts" - genauso ist Gott „Nichts". Oder du fragst mich, was ich mit dem Wort „Gott" meine, und ich kann dir nichts antworten, ich schweige vielleicht sehr lange, zucke mit den Schultern oder sage: „Ich weiss es nicht" - genauso ist Gott „Nichts".

E: Das erinnert mich an Paulus, als er nichts sah (Apg 9,3). Als er nichts sah, da sah er nämlich Gott. Sage ich: Gott ist ein Sein von aller Zweiheit. Und in diesem Einen sollen wir ewig versinken vom Etwas zum Nichts. Es ist nicht wahr; er ist vielmehr ein überseiendes Sein und eine Person, ein Nicht-Bild, mehr noch: wie ein lauteres, reines, klares Eines, abgesondert von aller Zweiheit. Und in diesem Einen sollen wir ewig versinken vom Etwas zum Nichts.[9]

A: Bei deiner Rede von jenem Nicht-Gott fällt mir ein Widerspruch auf, der möglicherweise nur ein scheinbarer Widerspruch ist. Denn weshalb redest du in einer derart grossen sprachlichen Anstrengung von jenem „Nicht-Ort-der-Rede"?

E: Wieso redest du nur von einem scheinbaren Widerspruch? Ist es nicht ein tatsächlicher Widerspruch zu sagen, dass es da etwas Unsagbares gebe? Und müsste man nicht tatsächlich besser schweigen, als weiter zu reden?

A: Nein, ich glaube nicht. Wirklich nicht. Das Paradox, das Unsagbare zu sagen, hat seinen Sinn. Denn in dieser Mühe, in dieser Schwierigkeit und in dieser Unmöglichkeit wird jenes

---

9 Meister Eckhart: Predigt Nr. 37, 42.

Unerfahrbare erfahrbar. Könnten wir nicht noch weiter gehen und sagen, dass unser ganzes bisheriges Gespräch nichts anderes als die Leidenschaft für jene Unmöglichkeit ist? Und könnte es dann nicht sogar so sein, dass überhaupt alles Sprechen zwar scheitert, aber eben in diesem Scheitern die Unerfahrbarkeit des Unerfahrbaren erfahrbar wird?

E: Meinst du dann, dass es gar nicht darauf ankommt, wie man von Gott redet, ob als Verneinung, oder als Bejahung?

A: Ja und nein. Ja hinsichtlich dessen, was wir mit der unmöglichen Rede wollen. Und da sage ich, dass nicht nur die Bejahung, sondern auch die Verneinung von Gott reden will. Ob ich sage: „Gott ist das Gute" oder „Gott ist nicht das Gute" - beide Male wünsche ich und begehre ich, von Gott zu reden. Beide Formen der Rede wollen leidenschaftlich von diesem "Nicht-Ort-der-Rede" sprechen. Und nein in der Hinsicht, dass ausgerechnet die Verneinung mehr aussagt, als die Bejahung.

E: Eben das meine ich: Die Verneinung will noch eindringlicher, noch leidenschaftlicher das Unmögliche aufzeigen, und vielleicht am meisten das Schweigen.

A: Ja, genau. Wenn wir nicht vom „Nicht-Ort-der-Rede" sprechen, kehrt sich sprechen in Schweigen um, und Schweigen in Reden. Wenn wir darüber sprechen, dann sagen wir das wenigste über es; und wenn wir darüber schweigen, dann sagen wir das meiste über es.

E: Die Stille des Schweigens ist wie ein Rufen, ein Schreien danach ...

A: Es ist möglicherweise sein zutreffendster Name ... seine Sprache ...

E: Der nicht-gesagte Name ...

A: Vielleicht ist dieser Name auch Ausdruck einer Verzweiflung ...

E: Worüber?

A: Verzweiflung doch darüber, dass „Gott" nicht benennbar und nicht erfahrbar ist.

E: Und gerade diese Erfahrung ist es, welche so sehr wertvoll ist. Was wissen all die „positiven" Theologen schon von dieser Erfahrung, wenn sie sich darüber streiten, ob Gott als das Eine, das Sein, das Gute oder als was auch immer benennbar sei?

A: Ist Theologie nicht überhaupt ein Unding?

E: Ich lasse mich noch so gerne provozieren ...

A: Das Wort Theologie bedeutet, wie du besser als ich weisst, „Wissenschaft von Gott". Die Theologie tut so, als wäre Gott Gegenstand einer Wissenschaft, und als könne man „Gott" wissen, lehren und erlernen. Sie stellt sogar eine Dogmatik über Gott auf, eine unumstössliche Lehre. Und sie bestimmt, was orthodox, was richtig ist, über Gott zu sagen. Wie fern von dem ist die Mystik, wenn sie vom Scheitern und der Unmöglichkeit, über Gott zu reden, spricht. Denn wie kann „Gott" etwas Wissbares oder Erlernbares sein? Gott entzieht sich vielmehr jedem Wissen und jedem Lernen, und mehr noch: Er ist vielleicht am ehesten in diesem Entzug und in der Abwesenheit erfahrbar und erlebbar. Was nur negativ erlebbar und erfahrbar ist, stellt die Theologie als positiv erlernbar und wissbar dar. Deshalb bezeichne ich die Theologie als ein Unding.

E: Ich habe nichts zu ihrer Verteidigung zu sagen, ausser dass ich „Unding" kein schönes Wort finde und anstatt dessen „hölzernes Eisen" sagen würde ...

A: Was die Sache nicht nur genau, sondern auch schön trifft ... Was wir brauchen, ist eine negative A-Theologie ... Dann erst reden wir vielleicht über jenen „Nicht-Ort-der-Sprache" ... Das ist Mystik.

E: Oder auch Askese als das Aufgeben der Gewissheit und des Wissens über Gott.

A: Meint der Begriff der Askese sonst nicht etwas anderes?

E: Stimmt, normal wird er vor allem für körperliche Selbstbeschränkung benutzt. Allerdings meine ich das überhaupt nicht. Denn diese ist in Wirklichkeit ein Mittel, etwas für sich selbst zu erzwingen und deshalb alles andere als Askese. Nein, was ich meine ist eine Askese der Antworten und des Wissens.

A: Und das bezeichnest du als Askese?

Armut: Für die christliche Mystik zentraler Gedanke, vor allem als geistige Armut. Im Streit mit Papst Johannes XXII. bestanden die Franziskaner darauf, dass Jesus und die Apostel kein Eigentum besassen. Johannes XXII. reagierte damit, dass er 1323 die Armut als ketzerisch verurteilte. Es war derselbe Papst, der 1329 Eckhart verurteilte.

E: Warum nicht. Und ich könnte es auch Armut nennen. Du hast sicher von dem Streit zwischen den Franziskanern und dem Papst gehört - ein trauriges Zeugnis für den letzteren, hat er doch die Armut als ketzerisch erklärt.

A: Ich habe davon gehört. Doch du redest ja nicht von derselben Armut wie die Franziskaner.

E: Mindestens meine ich nicht die soziale Armut. Denn wer wirklich arm ist, kann das schwerlich als Glück auslegen. Ich meine eine radikalisierte, innere Armut, eben: eine Armut des Wissens und der Gewissheit, so wie die Askese der Antwort darauf verzichtet, die Frage nach Gott zu beantworten.

A: Was ist denn diese radikale Armut?

E: Was wäre der höchste und reichste Besitz? Doch die Gewissheit und das Wissen über Gott. Entsprechend ist die höchste Armut, dieses Wissen über Gott zu lassen. Der grösste Besitz wäre, Gott zu besitzen - die radikalste Armut die, auf Gott zu verzichten. Das Äusserste, was der Mensch lassen kann, das ist, dass er Gott lasse. Und die radikalste Armut ist die, dass der Mensch nicht nur alle Dinge und sich selber lässt, sondern dass er selbst Gott lässt.[10]

A: Das ist tatsächlich ein radikaler Gedanke. Es ist, als wolltest du hier jene Verzweiflung über Gott erlangen, welche andere

10 Meister Eckhart: Predigt Nr. 13, 32.

so sehr fürchten. Oder als wolltest du alles verwerfen, was sonst als Gewissheit gesucht wird. Noch eindringlicher gesagt: Gerade die Gewissheit steht der mystischen Erfahrung des „Nicht-Ortes-der-Rede" entgegen. Gewissheit verunmöglicht die Erfahrung dessen, was nicht zum Gegenstand des Wissens gemacht werden kann. Erst in dieser Ungewissheit und in diesem Nicht-Wissen, in diesem Vakuum, erst hier wird erfahrbar, was nicht erfahrbar ist. Erst an den Rändern, Enden und Aushöhlungen der Rede scheint jenes Andere auf ...

Über Tropfen, die in den Ozean fallen, oder über den Menschen

E: Wir haben über die mystische Erfahrung der Sprache, dann über die mystische Erfahrung der Natur und über die mystische Erfahrung des unerfahrbaren Gottes gesprochen. Ich fage mich aber, wo da der Mensch steht, der Einzelne, der denkt, fühlt, handelt? Er ist doch derjenige, der all diese Erfahrungen macht. Er ist es doch, der spricht. Er ist es doch, der wahrnimmt, und der noch die Grenzen seiner Wahrnehmung wahrnimmt. Er ist es doch, der noch im Reden schweigt und noch im Schweigen redet. Er ist es doch, der den Mangel und die Verzweiflung erlebt. Er ist es doch, der entbehrt und immer wieder entbehren muss, was er begehrt.

A: Du sagst, dass hinter aller Erfahrung jener Mensch steht. Doch ist er offenbar genausowenig selbstverständlich gegeben, wie die „Natur", oder wie jener „Nicht-Ort-der-Rede". Denn ist nicht auch das Selbst erst in einer Abwesenheit und in einem Schmerz und in einem Mangel erfahrbar?

E: Und ich könnte noch weiter fragen: Steht nicht der allergrösste Mangel, das äusserste Nichtsein - der Tod - am Anfang aller Lebenserfahrung? So, wie vor aller Gottesgewissheit seine Abwesenheit, sein Tod steht, ist auch vor aller Selbstvergewisserung die Erfahrung einer Grenze, eines Leidens, einer ganz persönlichen Katastrophe, eines Todes …

A: Am Anfang steht das Ende …

E: Alles scheint an die Erfahrung des Mangels und der Negativität gebunden zu sein; erst daraus ergibt sich Sein.

A: Selbstvergewisserung ist die Vergewisserung des Schmerzes und die Vergewisserung im Schmerz. Es ist wie bei einem Stich: Ich spüre mich am intensivsten, wenn etwas in mich einbricht, wenn ich mich an etwas aufschabe, abarbeite, abkämpfe. Oder es ist, wie wenn ich jemandem ins Gesicht schaue, und mich im Blick des Andern selbst erkenne.

E: Was für ein Etwas? Was für ein Anderer?

A: Worum kreisen wir denn immer? Welches Verborgene? Welches Unbekannte? Welches Andere? Wie soll ich es benennen, vielleicht

„Das-Andere-das-Einbricht" ...

„Die-Anwesenheit-der-Abwesenheit" ...

„Meine-Erfahrung-des-Unerfahrbaren" ...

E: „Meine-Erfahrung-des-Unerfahrbaren", oder der Moment, der Zeitpunkt und der Ort meiner Selbstvergewisserung in einem Gegenüber. - Ja, was soll ich mit dem Begriff eines abgehobenen, abstrakten Gottes, mit dem ich nichts zu tun habe? Gott kann nur der sein, den ich in einer ganz bestimmten und greifbaren Erfahrung wahrnehme. Er ist der Augenblick meiner Erkenntnis, „Der-Moment-meiner-Erfahrung-des-Unerfahrbaren". Ich kann Gott nicht ausserhalb von mir selbst erfassen und ansehen, sondern in meinem Innern als mein Eigen und als das, was in mir ist. Gott und ich, wir sind eins. Im Erkennen nehme ich Gott in mich hinein.[11]

A: Dann ist „Die-Erfahrung-des-Unerfahrbaren" gleichzeitig die Erfahrung meiner Selbst, ein Ereignis, das ich zu einem bestimmten Moment und an einem bestimmten Ort in mir selbst erlebe?

E: Das Selbst ist eben dieser ganz bestimmte Ort und diese ganz bestimmte Zeit, wo Erfahrung sich ereignet - und nichts Losgelöstes, Abstraktes, Abgehobenes.

A: Im Hebräischen gibt es einen merkwürdigen Namen für Gott, der eben diese Erfahrung benennt: makom, und das heisst ganz einfach „Ort". Man könnte diesen Namen genau in dem Sinne verstehen, wie du eben gesagt hast: makom als

---

11 Meister Eckhart: Predigt Nr. 7.

der Ort und die Stelle des Selbst, in der dieses Unnennbare und Ungreifbare erfahrbar ist. Gott ist zwar unerfahrbar, aber der Ort dieser Unerfahrbarkeit ist genau erfahrbar.

E: Dieser Ort und diese Stelle ist irgendwo in mir selbst, ist der Ort meiner Erkenntnis und die Zeit meiner Erfahrung. Der Zeit-Punkt in meinem Selbst, in welchem das Unerfahrbare erfahrbar wird, ist selbst ein verborgener und ganz eigentümlicher Ort. Dieser Ort ist wie eine „Wohnung" oder eine „Stätte", oder wie auch immer man diesen Ort bezeichnet. Manchmal habe ich auch gesagt, es sei ein Tempel oder ein Bürglein in mir Selbst, oder es sei eine Kraft im Geist. Manchmal habe ich gesagt, es sei eine Stelle des Geistes; manchmal habe ich gesagt, es sei ein Licht des Selbst; manchmal habe ich gesagt, es sei ein Fünk-lein. Ich kann aber auch sagen: es ist weder dies noch das. Denn letztendlich ist es so formlos und unbenennbar wie das Unbenennbare selbst, das darin seine Wohnung hat.[12]

A: Ich mag diesen neuen Widerspruch, den du eingehst: Ei-nerseits schüttest du in grossem Überfluss und in grosser Ver-schwendung viele Namen über jene Stelle, um den Ort in dei-nem Selbst zu benennen, an dem das Unerfahrbare erfahrbar wird. Und dann sagst du, dass all diese Namen nicht zutref-fen, und dass dieser „Ort", dieser makom des Selbst nicht be-nennbar ist. Ich mag diesen Widerspruch deshalb so sehr, weil gerade darin nochmals die ganzen Schwierigkeiten und Unmöglichkeiten unseres Gesprächs sichtbar werden. Immer wieder erscheint unser Reden als der unmögliche Versuch, Na-men für dieses Unnennbare zu finden. All unser Reden, alles Sprechen ist ein Nachsprechen über die Sprache und deren Unmöglichkeit.

E: Und eben in dieser sprachlichen Grenzerfahrung liegt die Möglichkeit, sich dem Unmöglichen anzunähern. Es ist doch

12 Meister Eckhart: Predigt Nr. 2.

der Ort und der Moment in uns, wo leidenschaftlich „etwas"
vom ganz Anderen erfahrbar wird. Es ist, als ob dann diese
Namen und dieses Wort in mir selbst Platz nehmen würde …
als ob das Wort in mich gesprochen würde und ich das Wort
aussprechen würde. Als ob in diesem Moment und an diesem
Ort des Aussprechens wir uns begegneten … Wo nichts mehr
spricht, da wird das ewige Wort eingesprochen in die Vernunft. Das Wort eignet der Vernunft, das Wort nämlich, so wie
es in der Vernunft steht. Mitten in mir selbst ereignet sich dieser
Ausspruch und dieses Einsprechen. Und es ist grosse Lust am
Wort und am Einsprechen des Wortes, dass es niemals auf-
hört [13] … Diese Lust am Sprechen, dieses sprachliche Ereignis
ist wie eine Vereinigung zweier im Dialog - und nichts anderes
ist die unio mystica.

unio mystica: Wörtlich „mystische Vereinigung". Gemeint ist die Vereinigung des Menschen mit Gott im mystischen Erleben. Das Erlebnis
der Vereinigung kann sich in verschiedenster Weise und Situation
einstellen: bei einer intellektuellen und denkerischen Erfahrung, bei
der Betrachtung beispielsweise der Natur, bei der Lektüre eines
Schrift-Textes, bei der Meditation über den Gottesnamen oder über
die Buchstaben des hebräischen Alphabeths.

Tetragramm: Wörtlich „vier Buchstaben". Gemeint ist der hebräische Name JHWH, der nach der jüdischen Tradition nicht ausgesprochen wird. Vor allem die extatische Kabbala (Abulafia) prakti-
ziert Meditation über das Tetragramm als Weg zur Vereinigung mit
Gott.

A: Grosse Lust, grosse Leidenschaft dieses Sprechens und Be-
nennens, und dahinter steht ein Begehren … ein Begehren und

13 Meister Eckhart: Predigt Nr. 33, 19.

154

ein Wunsch, der vielleicht Gott selbst ist … ein Begehren, das aus unserem Mangel entspringt … das Tetragramm, diese vier Buchstaben bezeichnen mir dieses Begehren …

E: Dieser Ort ist möglicherweise ein unstillbares Bedürfnis in mir. Und das ist mein Ort, der nie greifbar ist, nie wirklich festlegbar ist, ein Un-Ort. Und er ist das Bedürfnis danach, was der Name „Gott" und alle seine Namen benennen, der Wunsch nach dem Unerfahrbaren. Der Wunsch nach der Unerfüllbarkeit des Wunsches. Der Wunsch nach der Ewigkeit des Wünschens - und das mag der Name Gott auch symbolisieren. Daran kann es nie genug sein, an Gott kann es dir nie genug sein; je mehr du von ihm hast, um so mehr begehrst du danach. Könntest du genug von Gott haben, als ob es von Gott ein Genugsein gäbe, als ob es überhaupt von deinem Begehren ein Genugsein gäbe, wäre Gott nicht Gott, wäre dein Begehren kein Begehren.[14]

A: Was ist denn „Gott", wenn nicht das Begehren danach? Ein Begehren, das sich in uns selbst ereignet, und das aus unserem Mangel und aus unserem Schmerz und aus unseren Verletzungen immer wieder neu erwächst?

E: Es ist unser Mangel und unsere Ohnmacht, und zugleich unser Begehren, diesen Mangel und diese Ohnmacht zu beheben …

A: Über diesen Mangel und dieses Benennen und Begehren im Benennen, welches daraus wächst, kann ich nichts neues mehr sagen, nur nochmals von vorne anfangen … Alles unser Reden, unser ganzes Gespräch ergiesst sich darin … Alles ist in diesem unendlichen Benennen und in diesem immerwährenden Sprechen eingelöst und aufgelöst … Alles zerfliesst in einem Wünschen, das keine Grenze kennt und keine Zeit und Ewigkeit will …

14 Meister Eckhart: Predigt Nr. 42

E: In diesem Wünschen, das Gott ist, möchte man versinken wie in einem Nichts oder wie in einem Alles und sich auflösen. Die fernsten Dinge ergiessen sich auf die nächsten und die nächsten auf die fernsten. Alles geht ineinander auf - wie ein Tropfen Wasser in einem Fass voll Wein.[15]

A: Wie ein Tropfen, der in einen unendlichen Ozean gefallen ist, und so ist der Tropfen bei seiner Wurzel angelangt und ist eins mit dem Wasser des Meeres, so dass es völlig unmöglich ist, ihn für sich zu erkennen.[16]

E: Vielleicht nur noch eine kleine Schlaufe, ein kleiner Umweg, eine kleine Verzögerung, ein kleines Gedicht, das nochmals redet, das unser Gespräch nochmals bespricht oder ausspricht oder hinausspricht oder hinwegspricht …

der wek dich treit	Der Weg führt dich
in eine wûste wunderlîch,	in eine wunderbare Wüste,
dî breit, dî wît,	die breit, die weit
unmêzik lît.	unmessbar sich ausdehnt.
di wûste hat	Die Wüste hat
noch zît noch stat,	weder Zeit noch Stätte,
ir wîse dî ist sunderlich	Sie ist unvergleichlicher Art
lâ stat, lâ zît,	Lass Raum, lass Zeit,
ouch bilde mît!	und lass auch das Bild!
genk âne wek	Gehe ohne Weg
den smalen stek,	den schmalen Steg,
sô kums du an der wûste	dann findest du der Wüste
spôr.	Spur.

15 Meister Eckhart: Predigt Nr. 54.
16 Rabbi Yechiel von Zolczow in: Moshe Idel, Kabbalah, 68.

o sêle mîn	O meine Seele,
genk ûz, gôt în!	geh aus, Gott ein!
sink al mîn icht	Sinke all mein Etwas
in gotis nicht,	in Gottes Nichts,
sink in dî grenzenlôze vlût!	sinke in die grenzenlose Flut![17]

17 Meister Eckhart: Granum Sinapis, In: Ruh, Kurt: Meister Eckhart, 48f.

Literaturhinweise

Zu Meister Eckhart:
- Meister Eckhart: Deutsche Predigten und Traktate: Hrsg. und übersetzt von Josef Quint. München (Carl Hanser Verlag) 1955
- Meister Eckhart: Die lateinischen Werke. Hrsg. von Josef Koch (im Auftrag der Deutschen Forschungsgemeinschaft), Stuttgart 1936-1978
- Meister Eckhart: Die deutschen Werke. Hrsg. von Josef Quint (im Auftrag der Deutschen Forschungsgemeinschaft), Stuttgart 1936-1976
- Ruh, Kurt: Meister Eckhart. Theologe, Prediger, Mystiker. München (Verlag C.H. Beck) 1985
- Flasch, Kurt: Das philosophische Denken im Mittelalter. Stuttgart (Philipp Reclam jun.) 1986
- Liebeschütz, Hans: Meister Eckhart und Maimonides. In: Archiv für Kulturgeschichte 74 (1952), Seite 64-96

Zu Abraham Abulafia:

- Abraham Abulafia: The Path of the Names. Berkley, London (Trigam, Tree) 1976
- Gershom Scholem: Die jüdische Mystik in ihren Hauptströmungen. Frankfurt a. M. 1980 (v.a. Kapitel 4)
- Moshe Idel: The Mystical Experience in Abraham Abulafia. Albany 1987 (Erscheint 1994 in deutscher Übersetzung im „Jüdischen Verlag im Suhrkamp Verlag")
- Moshe Idel: Studies in Ecstatic Kabbala. New York (State University of New York Press) 1988
- Moshe Idel: Kabbalah - New Perspectives. New Haven, London (Yale University Press) 1988